L'Espérance en héritage

Du même auteur

Aux Éditions Gallimard

La Gloire de l'Empire, 1971.
Au plaisir de Dieu, 1974.
Le Vagabond qui passe sous une ombrelle trouée, 1978.
Dieu, sa vie, son œuvre, 1980.
Discours de réception à l'Académie française de Marguerite Yourcenar et réponse de Jean d'Ormesson, 1981.
Discours de réception à l'Académie française de Michel Mohrt et réponse de Jean d'Ormesson, 1987.
Garçon de quoi écrire, entretiens avec François Sureau, 1989.
Histoire du Juif errant, 1990.
La Douane de mer, 1993.
Presque rien sur presque tout, 1996.
Casimir mène la grande vie, 1997.
Le Rapport Gabriel, 1999.
C'était bien, 2003.
Je dirai malgré tout que cette vie fut belle, 2016.
Guide des égarés, 2016.
Et moi, je vis toujours, 2018.

Bibliothèque de la Pléiade
Album Chateaubriand, 1988, épuisé.
Œuvres, tome 1, 2015.
Œuvres, tome 2, 2018.

(Suite en fin de volume)

Jean d'Ormesson
de l'Académie française

L'Espérance en héritage

Trilogie

Préface de François Sureau

Éditions Héloïse d'Ormesson

Il a été tiré de l'édition originale de cet ouvrage trente exemplaires sur vélin rivoli des papeteries Arjowiggins numérotés de 1 à 30.

ISBN 978-2-35087-704-4

Sommaire

Ma dernière page sera pour vous

JEAN D'ORMESSON n'était pas un homme de la nature, même s'il aimait la mer et le soleil. Après l'un de ses auteurs préférés, il divisait volontiers les spectacles qu'elle offre en « paysages lunaires » et « décors de théâtre ». La lagune à Venise n'était pour lui qu'un socle vert où poser la douane de mer et quelques rêves. Les océans n'avaient pas de profondeur, ne recélaient pas de monstres, et il tenait quittes Achab et le docteur Freud de leurs imaginations mélancoliques. Il ne pouvait se représenter un monde que l'homme et ses passions n'animeraient pas, et l'on pensait souvent à le lire, et parfois à l'entendre, à la souffrance secrète de celui qui sait que ce monde ne disparaîtra pas après qu'il aura fermé les yeux. Il la cachait, tant qu'il était parmi nous, sous une gaieté qui n'était pas la politesse du désespoir, mais celle d'une espérance trop imprécise pour s'avouer.

Giono, qu'il aimait, lui parlait à cause de *Cœurs, passions, caractères*, et de ce *Pour saluer Melville* où l'on peut lire : « Il y a [...] de formidables combats dans lesquels on est seul engagé et dont le tumulte est silence pour le reste du monde. » À lui, ce mot de batailles convient mal, et pourtant il n'a pas cessé d'en mener une, à laquelle il donnait souvent l'aspect d'une guerre d'escarmouches, d'une rencontre de cavalerie dans le petit matin. C'était une bataille contre l'indifférence du monde, une indifférence contre laquelle la littérature était la meilleure défense. On a vu de grands écrivains faire concurrence à l'état civil. D'Ormesson ne se voyait pas en démiurge. Mais il eût aimé recueillir les confidences de l'ange, et c'est ce qu'il a entrepris de faire, du *Rapport Gabriel* à *Un hosanna sans fin*, quand il lui semblait qu'il n'y avait rien d'urgent à faire des années qui lui restaient que d'accorder son pas à l'écoulement du temps. Il n'était pas un homme de la nature et pourtant, à les relire, ses derniers ouvrages me font penser à un torrent de montagne devenu rivière, puis fleuve, où les rochers s'effacent, avant de gagner un estuaire aux couleurs tendres du salut.

Aussi montre-t-il dans chacun de ces trois livres, comme malgré lui, quelque chose de ce sentiment que l'abbé Mugnier avait attribué à sa grand-mère et qu'il avait cité dans *Le vagabond qui passe sous une ombrelle trouée*: « Elle donnait la vision de ces chrétiens d'autrefois pour qui le monde n'était pas un obstacle et qui le traversaient tranquillement, les yeux fixés sur une autre vie. » Pour lui non plus le monde n'avait jamais été un obstacle. Je n'ai jamais pu sonder les profondeurs de son agnosticisme. Il a préféré mourir, « comme Gilbert, en avalant sa clef ». Mais l'on voyait chez lui cette grâce du consentement plus courante chez ceux qui croient que chez ceux qui ne croient pas. Opposant Sartre à Jünger, Gracq distingue quelque part les écrivains en écrivains du refus et écrivains de l'acceptation. Nul doute que d'Ormesson ait fait partie des derniers.

On a dit souvent que cette acceptation lui avait été facile, à lui couvert d'honneurs et doué de tous les talents. Ce point de vue est superficiel. Le mépris des réussites lui était une seconde nature. « On lui donnerait deux maîtres, l'un pour apprendre les sciences et l'autre pour les mépriser. » Cette phrase de l'entretien avec M. de Sacy eût pu être la sienne. Il a écrit : « Dans cet univers où – argent, violence, prestige, révolution, pouvoir – ce qui compte, c'est de gagner, j'ai de la tendresse pour les perdants. Et de l'indulgence pour les bons à rien. Je n'aurais pas détesté traîner dans le monde sans y laisser la moindre trace. » Comme nombre de ceux qui l'ont connu, je sais que là-dessus il ne racontait pas d'histoires.

S'il a laissé une trace pour finir, c'est pour n'avoir pu faire autrement. Malgré toute cette légèreté de bon ton, il n'est pas parvenu à cacher que l'existence, même la plus comblée, n'allait aucunement de soi, était grevée d'un poids, chargée d'un remords qu'on dirait antérieur à la naissance et impossible à porter sans faire ce pas de côté que font les artistes. « J'écris parce que quelque chose ne va pas. »

D'où, aussi, cette préférence dans laquelle n'entrait aucune coquetterie pour les existences obscures, qui offrent plus de ressources « à l'imagination et aux songes que les carrières traversées par toutes les fanfares de l'histoire ».
Il y entrait bien sûr l'orgueil propre aux écrivains, qui savent qu'ils obtiendront mieux l'immortalité en peignant Des Grieux ou Werther qu'en espérant je ne sais quel portefeuille ministériel. Mais aussi, et plus profondément, une brève tendresse pour la douloureuse simplicité des vies. Les silhouettes dont il a peuplé ces livres où il n'a entendu « camper » aucun « personnage » la représentent, et avec elles notre condition même. Il y a dans les livres de d'Ormesson depuis les premiers quelque chose d'un portail d'église où se mélangent des figures anonymes, où même les saints nous

sont inconnus, mais qui diffuse une clarté douce, parfois même sentimentale, où le sentiment se teinte d'un gris où n'entre aucune mièvrerie. D'Ormesson n'aura pas davantage rusé avec la morale qu'il n'a rusé avec le temps. Depuis ses promenades autour de la pièce d'eau, en compagnie de ce père qu'il aimait et qui représentait pour lui à la fois l'honneur et la loi, une loi tout intérieure, sans autre puissance que celle que la conscience donne, il n'a jamais cessé de tenir la balance égale entre le doute et le désir d'une vie bonne, entre le cosmos et l'existence morale dans son acception la plus classique, entre la création et le mystère fugace des créatures. « Vivre, écrit-il dans *Guide des égarés*, c'est d'abord éviter le pire. Et le pire n'est pas toujours la mort. » Je me suis souvenu en le relisant de l'amitié très particulière qu'il avait pour ceux de ses amis que le sens de l'honneur avait lancés dans le hasard des combats, Maurice Rheims, Jean-François Deniau. D'Ormesson se sentait le frère de tous les écrivains. Mais il se sentait le fils des héros qu'il avait connus, eussent-ils été de la même génération que lui. Il avait à leur égard les sentiments parfois ambivalents qu'ont les fils pour leur père, et l'agacement même qu'il en éprouvait témoignait aussi de la dureté de ce monde où le mal est plus facile à faire que le bien. Ce sont toutes ces choses, d'« une simplicité effrayante », disait-il, dont il a fait la matière de son œuvre d'écrivain.

Et cette matière est aussi la matière même du temps, dont il a voulu triompher en s'y perdant, pour renaître au fil des pages dans ces livres qui se ressemblent au point qu'on lui en a fait le grief, alors qu'ils ne sont que les berges entre lesquelles coule le fleuve d'Héraclite. Personne qui ait mieux que lui lu Augustin d'Hippone. Personne qui n'ait mieux compris que ce Dieu auquel il se désolait de ne pas croire de manière plus sensible – le Dieu « sensible au cœur » de Pascal – était d'abord le créateur du temps, et avec le temps le créateur de la vie consciente. De cette immersion prolongée jusqu'à la mort il a espéré le salut, comme d'un autre baptême que l'artiste se donne à lui-même.

Et le salut aussi de ceux qu'il avait aimés et que sa langue semblait retenir au bord du néant, dans les prestiges amoureux du souvenir. À présent qu'il n'est plus, c'est elle qui nous retient, par un dernier paradoxe, le long des rivages où son ombre paraît s'éloigner sans jamais disparaître.

François Sureau

Comme un chant d'espérance

« Dans ton Néant
j'espère trouver le Tout. »

Goethe, *Faust*

« Contenant la promesse du Tout,
le Rien désigne le Non-être,
le Non-être n'étant autre
que ce par quoi l'être advient. »

François Cheng,
Cinq méditations sur la mort

Prologue

L'idée, chère à Flaubert, d'un roman sur rien m'a longtemps travaillé en silence. Elle m'est revenue en mémoire par un détour bizarre. Pour préparer deux de mes livres récents – *C'est une chose étrange à la fin que le monde* et *Un jour je m'en irai sans en avoir tout dit* –, je me suis intéressé en néophyte à un domaine qui m'était étranger et qui a fait depuis cent ans des progrès fascinants : la physique mathématique et la cosmologie.

Parvenant, comme par miracle, en suivant des chemins divers, à des conclusions identiques, qu'est-ce que les mathématiciens et les astronomes ont découvert de notre vivant, les uns en théorie et par le calcul, les autres par l'expérience et par l'observation ? Pour dire les choses en un mot, que l'univers a une histoire. C'était un coup de tonnerre dans le ciel de la science.

Longtemps, de grands esprits, Aristote en tête, ont pensé que le monde était immobile et éternel. Les Grecs, qui ont presque tout inventé il y a deux mille cinq cents ans sur les côtes de l'Ionie, c'est-à-dire de la Turquie d'aujourd'hui – la géométrie, la mathématique, la philosophie, le théâtre, l'éloquence, la démocratie... –, n'avaient pas manqué de remarquer, se référant tout naturellement aux deux astres les plus brillants au firmament du jour et de la nuit, que tout ne cessait jamais de changer sous le soleil et dans ce qu'ils appelaient notre monde sublunaire. Une formule d'Héraclite, né à Éphèse, est restée célèbre : *πάντα ῥεῖ* – tout passe. Mais derrière les changements qui se succédaient dans son sein, le monde lui-même ne bougeait pas. Il était là. C'est tout ce qu'on pouvait en dire. Rival d'Héraclite, Parménide soutenait à Élée, en Grande-Grèce, autrement dit en Italie du Sud, que l'être est et que le non-être n'est pas. Le non-être ne devait même pas être évoqué : il était impossible d'en parler. Pour Socrate, pour Platon, pour Aristote, successeurs de

Parménide et d'Héraclite, l'homme était la mesure de toutes choses et la Terre sur laquelle il régnait était immobile et éternelle au centre de l'univers, immobile comme elle et éternel comme elle.

Un certain nombre de populations qui ont longtemps passé pour primitives au regard de la culture grecque avaient une autre vision de l'univers qui les entourait. Le monde, pour elles, était sorti du néant après des aventures qui prenaient, en Mésopotamie, en Égypte, aux Indes, en Chine, en Afrique, en Amérique précolombienne, dans les pays scandinaves – et d'ailleurs en Grèce même pour l'homme de la rue –, les formes les plus diverses. D'innombrables mythes, pleins d'animaux fabuleux, de tortues géantes, de chevaux à huit jambes, de serpents à plumes, de fleurs de lotus, d'arbres enchantés, de fontaines magiques, de potiers divins, de généalogies compliquées de déesses et de dieux qui s'engendraient les uns les autres et de nourrissons nés par miracle, prétendaient rendre compte du commencement de ces choses qui prenaient la place de leur absence et que nous appelons le monde.

Un peuple, en particulier, s'était construit autour d'un livre sacré qui devait jouer un rôle considérable dans la brève histoire des hommes. C'était un petit peuple venu de Mésopotamie sous la conduite d'Abraham et installé en Méditerranée orientale : les Hébreux.

Le texte qui ouvrait leur Torah – la future Bible des chrétiens – s'appelait la Genèse. Elle racontait la création en six jours, par un Dieu caché qu'il était interdit de représenter et auquel il était à peine permis de donner un nom, d'un monde qui n'était pas éternel. Dans la crainte et le tremblement, les juifs appelaient leur Dieu Jéhovah, ou Jahvé, ou Elohim, ou Adonaï. Il faisait sortir du néant le ciel et la terre, la lumière, les arbres, les animaux et enfin, sous les noms d'Adam et d'Ève, l'homme et la femme. Les formules de la Genèse sont les paroles les plus célèbres de toute l'histoire des hommes : « Au commencement, Dieu créa le ciel et la terre… Il dit : *Que la lumière soit !* Et la lumière fut… Dieu appela la lumière jour et il appela les ténèbres nuit. Ainsi, il y eut un soir et il y eut un matin : ce fut le premier jour. »

Depuis une centaine d'années, les calculs et les observations de mathématiciens, de physiciens et d'astronomes de génie – Planck, Gamow, Friedmann, Lemaître, Einstein, Hubble, Bohr, Heisenberg, beaucoup d'autres – ont établi que l'univers était en expansion à la suite d'une explosion primitive, il y a treize ou quatorze milliards d'années. Très loin du récit de la Bible, le monde vu par la science est pourtant, sur un point essentiel, plus proche de l'enseignement de la Genèse que des conceptions d'Aristote : il a eu un début et il aura une fin. Il avait une histoire.

Ce qui m'a le plus intéressé dans cette formidable aventure du savoir qui va de la découverte fondamentale par Hubble de l'éloignement continu et accéléré des galaxies entre elles, confirmée par la découverte accidentelle du rayonnement fossile par Penzias et Wilson, à la découverte par l'équipe du Cern à Genève du boson de Higgs, dit, improprement et par exagération médiatique, le « boson de

Dieu », c'est l'impossibilité de remonter dans le passé au-delà – ou en deçà, comme vous voudrez – d'une fraction infinitésimale de seconde après l'explosion primitive d'où sort le grain de poussière minuscule qui deviendra l'univers.

On dirait une blague. À un millionième, ou à un milliardième, ou à un centième de milliardième de seconde, je ne sais pas, après le début du début – il faut imaginer 0 seconde,000… suivie encore d'une quarantaine de zéros avant que surgisse enfin un 1 –, s'élève soudain un mur infranchissable. Ce n'est pas un mur religieux, théologique, poétique, philosophique, idéologique. Non. C'est un mur scientifique. Il s'appelle le « mur de Planck ».

Au-delà du mur de Planck, nos lois ne sont plus valables. Les lois universelles qui s'appliquent d'un bout à l'autre de notre immense univers ne fonctionnent plus. La toute-puissante physique mathématique qui nous a révélé tant de secrets hoquette, bafouille, perd pied et s'arrête pile. Tout se passe comme si un malin génie jaillissait tout à coup au seuil de notre univers sur le point de voir le jour en brandissant une pancarte : « Au-delà de cette limite, votre science n'a plus cours. »

C'est la pancarte brandie il y a treize ou quatorze milliards d'années par le malin génie qui m'a remis à l'esprit l'idée, émise par le père de *Salammbô* et de *Madame Bovary*, d'un roman sur rien.

Flaubert pensait que le romancier n'avait pas besoin d'événements. Gide ne dit pas autre chose dans *Les Faux-Monnayeurs* quand il veut « dépouiller le roman de tous les éléments qui n'appartiennent pas spécifiquement au roman ». « Les événements externes, précise-t-il, les accidents, les transmutations appartiennent au cinéma. Il sied au roman de les lui laisser. » Au cinéma, bien sûr, et au journalisme. Les journalistes ont un besoin ardent d'événements. Ils aiment surtout ce qui se passe dans le monde de surprenant et de bizarre : la guerre, le crime, les excès du pouvoir, de l'argent, du sexe, les catastrophes, les tsunamis, les accidents d'avion, les trains qui arrivent en retard. Une histoire italienne – les Italiens ne détestent pas se moquer d'eux-mêmes avec élégance – illustre l'idéal du journalisme d'aujourd'hui. Sur le quai de la gare de Palerme ou de Naples, un voyageur consulte sa montre et dit au chef de gare : « Le train d'aujourd'hui n'a que dix-sept minutes de retard. » « Ah ! monsieur, lui répond l'employé, c'est le train d'hier qui a vingt-quatre heures et dix-sept minutes de retard. » L'écrivain a le droit de s'intéresser ou de ne pas s'intéresser aux soubresauts de l'histoire, à ses anecdotes, à ses rebondissements. Son domaine, ce sont les mots. Les mots sont pour Gide au service de l'imagination : « Le romancier, d'ordinaire, écrit-il, ne fait point suffisamment crédit à l'imagination du lecteur. » Flaubert va plus loin encore. L'imagination, pour le romancier, est encore de trop : la littérature se suffit à elle-même.

Quand Flaubert parle d'un roman sur rien, il se démarque d'Eugène Sue, de Ponson du Terrail et même du cher et grand Dumas qui, dans ses *Mémoires* comme dans ses romans, nous entraîne au galop dans d'inépuisables aventures. Contre Jules Verne, qui avait une espèce de génie, contre Sherlock Holmes ou Arsène Lupin ou James Bond qui nous ont tant amusés, ce que défend Flaubert, c'est le style. Les livres ne survivent pas grâce aux histoires qu'ils racontent. Ils survivent grâce à la façon dont elles sont racontées. La littérature est d'abord un style qui éveille l'imagination du lecteur.

Un roman sur rien tel que l'appelait de ses vœux l'auteur de *L'Éducation sentimentale* est, en vérité, un paradoxe, une chimère, un pari intenable, une illusion. Même sur rien, le romancier est bien obligé de raconter quelque chose. Il a beau écarter le plus d'événements, d'anecdotes, de rebondissements possible, il reste toujours des détails, des nuances, des reflets, des riens qui sont encore quelque chose à rapporter et à décrire. Ce qu'il y a proprement d'indicible et d'inouï derrière le mur de Planck, avant la fraction minuscule à quarante-trois zéros qui suit notre fameuse explosion primordiale, c'est qu'il n'y a ni nuances, ni reflets, ni suppositions, ni hypothèses, ni aucun de ces riens qui nous occupent tous autant. C'est tout simple : il n'y a rien.

C'est ce rien de rien – sa nature, ses conséquences – qui m'a paru fournir le plus beau des sujets de roman, le seul qui réponde vraiment au vœu mélancolique exprimé par Flaubert.

Les hommes se sont souvent interrogés sur le néant. Celui d'après la mort, d'abord ; celui d'avant le monde, ensuite. Est-ce le même ? Qui le sait ? Et surtout, dans un cas comme dans l'autre : est-ce vraiment un néant ? N'y a-t-il vraiment rien dans ce que nous appelons le néant ? Il n'est pas exclu qu'il y ait quelque chose. Il est certain que rien n'est sûr.

Il n'est pas sûr qu'il ne reste rien, après la mort, d'un passé évanoui, d'un être jadis vivant, d'un homme ou d'une femme qui a eu des pensées, des passions, des souvenirs, des projets. Il n'est pas sûr non plus que le monde où nous vivons ait surgi du néant, que notre tout soit sorti de rien. Le contraire n'est pas sûr non plus. La vérité est que sur l'avant-notre-monde comme sur l'après-notre-mort nous ne savons rien. Nous pouvons croire.

Nous pouvons rêver. Nous pouvons espérer. Nous ne pouvons pas savoir. Déployés dans l'espace et dans le temps, notre savoir et notre puissance sont bornés avec rigueur, là-haut, dans le passé, par notre fameux mur de Planck, et là-bas, dans l'avenir, par notre non moins fameuse mort.

Tout ce que nous pouvons faire, et en deçà et au-delà, c'est inventer, rêver, imaginer. Dans la vie de chaque jour, nous passons notre temps à nous heurter au monde et aux autres. Il y a le désir, l'argent, la passion, la folie, la carrière, les voyages, le succès, le désespoir, la mémoire et l'histoire. C'est une tragédie, c'est une comédie, c'est souvent une farce, et parfois un opéra. Avant et après, de l'autre côté des deux murs, c'est de l'imagination pure : c'est un roman. Assez loin de *La Princesse de Clèves*, d'*Adolphe*, de *La Chartreuse de Parme* ou de *La Recherche*, c'est ce roman que j'ai essayé d'écrire.

Toute ressemblance avec des personnages ayant réellement existé serait le fruit du hasard. La formule traditionnelle prend ici toute sa valeur. S'il y a quelque chose – qui sait ? – après notre mort, il est certain, en tout cas, que ce ne peut être qu'autre chose. Et s'il y a quelque chose – qui sait ? – avant notre univers, ce ne peut aussi être qu'*autre chose*. Tout le problème, quand on se met à parler de ce néant dont selon Parménide il est impossible de parler, est que cet *autre chose* doit être traduit dans la langue de notre monde et de notre vie. C'est cette traduction que je propose aujourd'hui en me gardant d'oublier que toute traduction est toujours une trahison – et le plus souvent une erreur, une faute ou un délire.

1

IL N'Y AVAIT RIEN. Et ce rien était le tout. Le tout et le rien se mêlaient l'un à l'autre et se confondaient l'un avec l'autre.

Il n'y avait pas d'étoiles. Il n'y avait pas de nuages. Il n'y avait ni arbres, ni ruisseaux, ni coccinelles, ni guerriers. Il n'y avait pas de paroles. Ni de rêves. Il n'y avait pas de formes, il n'y avait pas de couleurs et il n'y avait pas de musique. Il n'y avait même pas de sphères. Ni de passé. Ni d'avenir. Et il n'y avait pas de nombres. Il n'y avait rien.

Pour donner une idée de ce rien qui était le tout, il faudrait une nuit obscure. Un silence complet. Un vide absolu. Quelque chose comme une page blanche où la page et le blanc et, bien sûr, l'œil pour les voir seraient encore de trop.

Une nuit, un silence, un vide – ne parlons même pas de la page blanche – ne peuvent donner qu'une idée très imparfaite du néant avant l'univers et avant le mur de Planck. Supprimez les êtres vivants, les choses, le Soleil et la Lune, les étoiles, jusqu'aux couleurs et aux sons, jusqu'à l'air qu'on respire, jusqu'aux ondes et aux atomes, faites le vide et le noir sans la moindre lueur et sans le moindre bruit – il restera toujours quelque chose : il restera l'espace et ce fantôme sans chair et sans os, sans la moindre présence et pourtant implacable, que nous appelons le temps.

Avant le monde et son train, il n'y avait pas d'espace et il n'y avait pas de temps. Il y avait bien quelque chose : c'était l'éternité. L'éternité se confondait avec le tout et avec le rien.

2

Il y a quatorze milliards d'années, un peu plus, un peu moins, une explosion se produit. C'est notre bon vieux big bang où commence tout ce que nous sommes. En surgit quelque chose d'indicible et de minuscule, à une température et d'une densité qui défient l'imagination. À partir de cette pointe d'épingle, des milliards de fois plus petite qu'un grain de sable ou de poussière, l'espace sort du néant. Il n'en sort pas immuable ni armé de pied en cap. Il entre par une petite porte et à pas mesurés dans une phase d'expansion qui se poursuit encore aujourd'hui.

Inséparable de l'espace, le temps se met à couler. En naissent les étoiles, les galaxies, le Soleil et la Lune, la Terre, la guerre du feu, les pyramides d'Égypte, la chute de Troie, l'Acropole d'Athènes, la Grande Muraille de Chine, les *Confessions* de saint Augustin, *Le Songe de sainte Ursule* par Carpaccio et *Le Songe de Constantin* par Piero della Francesca, la *Cantate du café* de Bach et *La Vie parisienne* d'Offenbach. J'écris ces mots. Et vous les lisez. Le monde s'est mis en marche. Que s'est-il donc passé ?

3

DEPUIS SES ORIGINES, l'univers fonctionne à coups de hasards et de nécessité. Depuis quelques millénaires, les hommes, qui sont des créatures étonnantes nées de ces hasards et de cette nécessité avec des pensées, des souvenirs et des projets, essaient de comprendre cet univers. Ils se sont d'abord imaginé que des forces magiques se cachaient derrière les choses. Ils ont cru ensuite à une foule de déesses et de dieux qui vivaient au-dessus d'eux et qui décidaient de tout. Ils ont fini par adorer un Dieu unique et tout-puissant qui régnait sur le monde. Plus tard encore, un peu partout, beaucoup ne croient plus à ces légendes d'en haut si longtemps caressées. Ils espèrent que la science parviendra, un jour, dans un avenir lointain, à tout expliquer de ce monde invraisemblable dans lequel, sans le vouloir, nous avons tous été jetés. Et qu'elle suffira à répondre à toutes les questions que nous sommes en droit de poser.

Depuis trois mille ans, et surtout depuis un peu plus d'un siècle, de notre vivant ou du vivant de nos parents, la science a découvert que la Terre était ronde, qu'elle tournait autour du Soleil, que sur la Terre comme dans le ciel tous les objets sans exception s'attiraient les uns les autres, que les galaxies se dispersaient dans l'espace, que l'univers était en expansion et qu'avant d'avoir une fin inéluctable au loin il avait eu un début. Un mystère profond entoure pourtant cette fin et peut-être plus encore ce début. Comment était-on passé du rien à ce que nous appelons notre tout, de l'éternité à notre temps, et du néant à ce monde toujours en train de se développer et de courir vers son terme ?

4

Il est permis de penser que l'immense univers avec sa Terre minuscule dans un coin reculé où est née la pensée constitue, une fois pour toutes, un événement singulier, sans pareil, unique et qu'il n'y a rien d'autre ni avant lui, ni après lui, ni autour de lui. Mais il ne manque pas de bons esprits pour imaginer que des univers sans nombre, baptisés *multivers*, accompagnent ce monde qui nous paraît déjà démesuré. Peut-être des multivers sans fin s'enchaînent-ils les uns aux autres dans une alternance en accordéon d'extinctions et de renaissances ? Peut-être notre big bang n'est-il que le choc de deux multivers sur le point de donner naissance à notre monde d'aujourd'hui ? Pourquoi pas ? Un certain nombre de calculs purement mathématiques semblent aller dans ce sens. Toute vérification expérimentale, en revanche, est par définition exclue. Instrument formidable dans l'espace et le temps, la mathématique est une science où personne ne sait jamais de quoi on parle – de pommes, de poires, de particules, de points, d'étoiles, de galaxies, d'univers… – ni si ce qu'on dit a une réalité. Les choses se passent en tout cas comme si notre big bang constituait un début absolu. La formule *comme si* pourrait d'ailleurs servir de clé à tout ce qui va maintenant défiler sous nos yeux.

5

LE HASARD ET LA NÉCESSITÉ qui assurent le fonctionnement du monde ont pu aussi présider à sa naissance et à sa création.
À peine ces mots sont-ils écrits que les questions fusent de toutes parts. Si le hasard et la nécessité sont à l'origine de notre univers, d'où vient l'espace, tantôt plein, tantôt vide, et toujours universel ? Et d'où vient ce temps qui nous paraît si simple et qui est d'une affreuse et cruelle complication ? D'où vient la nécessité elle-même, car il n'y a pas de nécessité de la nécessité ? Et le hasard est-il vraiment capable de produire un monde où règne un ordre réglé par une rigueur implacable ?

Le hasard suffit, en effet, à expliquer tout ce qui relève d'une évolution qui est la clé de la vie. Et à expliquer, au-delà de la vie, l'histoire de l'univers. Mais ni l'espace, ni le temps, ni la nécessité ne sont le fruit de l'évolution. Ils sont là. Ils sont donnés. Ils sont massifs et inexplicables. Ils ne proviennent pas du hasard. Le hasard règne sur les avatars de la matière, de la vie, de l'histoire. Il ne suffit pas à rendre compte de l'espace, ni du temps, ni de ces lois d'airain qui font tourner l'univers.

6

En face et à la place d'un hasard aveugle et d'une nécessité qui serait surgie de nulle part, une autre hypothèse, tout aussi étrange et à peine plus absurde, mais peut-être plus rassurante, en tout cas plus romanesque et largement répandue, met au cœur du big bang ce mélange de tout, de rien et d'éternité que nous avons pris l'habitude d'appeler Dieu.

Aux yeux au moins des hommes enfermés dans le temps, Dieu, hors du temps et du monde, n'est rien d'autre que rien. Mais comme ce rien, avant l'explosion primordiale, constituait le tout, Dieu se confond aussi avec le tout. Il est d'abord le vide. L'absence et le refus du monde et du temps. La nuit obscure de l'âme chantée par les mystiques. Il est aussi le plein. Il est aussi la lumière. La gloire du jour. La joie du Soleil qui éclaire notre monde et des étoiles qui brillent dans les ténèbres. La masse énorme de l'histoire. Dieu n'est rien. Dieu est tout et il est le tout. Dieu est l'éternité. Il nous arrive d'ailleurs de l'appeler l'*Éternel*.

Le fond de l'affaire tient en deux mots : si Dieu existe, il est esprit – « L'esprit de Dieu se mouvait sur les eaux… » – et il est volonté – « Dieu dit : *Que la lumière soit!* Et la lumière fut… ». La science a rejeté les causes finales qu'Aristote conservait dans sa célèbre classification des quatre types de causes : la cause matérielle, la cause formelle, la cause efficiente et, plus importante que les trois premières, la cause finale – le terme *finale* ne signifiant pas qu'un processus se termine, qu'il prend *fin*, mais qu'il a un *but*, et donc un *sens*. L'univers a-t-il un but et un sens ? Le débat est entre Aristote et la science. Si Dieu existe, il est volonté – la volonté de Dieu va avec son omniscience puisqu'il sait tout et avec sa toute-puissance puisqu'il ne lui est rien d'impossible – et il est vision d'un avenir qui ne repose que sur lui et qui a un but et un sens.

7

DIEU EST PEUT-ÊTRE ESPRIT et il est peut-être volonté. Il est surtout *autre chose* que tout ce que nous pouvons connaître. Impossible aux hommes, prisonniers de l'espace et du temps, de le comprendre ni de l'imaginer. Ni même de le concevoir.

Dieu, bien entendu, n'est ni un homme ni une femme, ni un Blanc, ni un Noir, ni un Rouge, ni un Jaune, ni un vieillard, ni un enfant. Il n'est pas un fantôme. Il n'est pas une apparition. Il n'est sûrement pas un miracle : le miracle, ce n'est pas lui, ce sont ses créatures. Il n'est pas un éclair, il n'est pas un trait de lumière et il n'est ni une ombre ni une forêt obscure. Dieu ne peut pas être exprimé par les mots dont nous nous servons sur ce grain de poussière minuscule, perdu dans le gigantesque univers, où nous avons surgi, Dieu sait pourquoi. L'esprit de Dieu n'a rien de commun avec ce que nous appelons *esprit*. La volonté de Dieu n'a rien de commun avec ce que nous appelons *volonté*.

Nous ne pouvons parler de Dieu que par analogie. La parole de Dieu, qui va tant nous occuper, n'est qu'une figure de style et une analogie. Si Dieu était quelque chose, ce qu'il n'est pas, il serait plutôt un silence et une absence d'une densité infinie. Ou une idée pure et sans bornes qui ne renverrait qu'à elle-même. Ou une équation mathématique dotée, comme par enchantement, d'une formidable énergie et d'un feu intérieur d'où surgiraient toutes choses. Dans l'une au moins des trois religions du Livre et du monothéisme – le christianisme, auquel j'appartiens –, les peintres, les sculpteurs, les philosophes, les poètes n'ont jamais hésité à représenter un Dieu qui était pure absence et qu'ils appelaient Dieu le Père. Comme Michel-Ange ou Raphaël, comme la Bible – ou la Torah –, je me permettrai, moi aussi, avec humilité et audace, de faire apparaître et parler un Dieu dont nous savons tous très bien qu'il n'était et qu'il n'est que silence et absence.

8

IL EST IMPOSSIBLE AUX HABITANTS de ce monde de se faire la moindre idée du néant, de l'infini et de Dieu. La tâche inverse d'inventer un monde à partir du rien et de son éternité peut paraître, à première vue, aussi désespérée. Les galaxies, le système solaire, la vie, l'histoire, la pensée étaient aussi invraisemblables aux yeux du vide et de l'Éternel que Dieu aux yeux du monde et du temps. Il y a pourtant un abîme entre les deux regards. D'un côté, les hommes, minuscules insectes perdus dans l'immensité, sont incapables de se représenter Dieu ; de l'autre, Dieu tout-puissant, sans le moindre effort, sans la moindre hésitation, voit se dérouler dans sa totalité et dans ses moindres détails l'histoire de ce monde qui n'a pas toujours existé.

9

La tradition, la légende, le redoutable sens commun toujours impatient de se tromper imaginent souvent Dieu sur le point de prendre la décision de créer le monde. Ils le présentent même parfois en train d'hésiter. Aurait-il pu créer un autre univers que le nôtre ? A-t-il pesé le pour et le contre avant de passer à l'action ? Aurait-il pu choisir de ne rien faire jaillir du néant infini ? Toutes ces interrogations n'ont naturellement aucun sens.

Dieu ne pouvait pas hésiter, délibérer, choisir entre plusieurs solutions. Non pas seulement parce qu'il est tout-puissant et que l'hésitation n'est pas dans son caractère ni l'incertitude dans son tempérament. Mais d'abord et surtout parce que toute hésitation, tout choix, toute délibération ne peut se dérouler que dans le temps. Tout ce qui relève d'une démarche intellectuelle, du désir, de l'histoire est lié au temps. Le temps ne coule pas dans l'éternité. Il est impossible de se représenter Dieu en train d'hésiter entre plusieurs modèles du monde à la façon d'un acheteur qui hésite longuement entre deux modèles de voiture ou d'équipement électroménager.

Il faut aller plus loin. Dieu n'a pas pu *décider* de créer l'univers. Aucune succession d'instants, aucun cortège de possibles n'est concevable hors du temps. Ni aucune décision. La création du monde ne se situe pas à un instant précis. Elle était décidée, elle était acquise de toute éternité. Ou plutôt elle était, elle est, elle sera décidée et acquise de toute éternité.

Ce n'est pas assez dire que le monde réel est le meilleur des mondes possibles. Tous les autres sont imaginaires. Le nôtre, tout à coup, s'est mis à exister.

10

En imagination, l'univers né du néant ou de ce que nous appelons le néant aurait pu être différent de celui que nous connaissons et qui nous est devenu familier. Il aurait pu être immobile, fixé une fois pour toutes, sans aucun imprévu, gravé dans un marbre sans faille. Un paradis immuable ou un enfer sans issue. Il aurait pu être chaotique, sans la moindre règle, charmant d'incertitude ou d'un désordre effroyable. Il aurait pu n'être rien du tout ou être n'importe quoi. Il est tout à fait autre chose.

Il est changeant et réglé à la façon d'une symphonie, d'une série d'équations, d'un tableau mouvant et divers, d'un roman imprévu et pourtant prévisible et, en fin de compte, nécessaire, qui se poursuit de chapitre en chapitre. Il est ce rêve cohérent, tantôt plein de délices et tantôt très cruel, que nous appelons réalité. Il est fait de changement, d'évolution, de développement et de lois. Il est construit sur quelque chose de stupéfiant, de radicalement absent du néant de la mort ou de l'infini. Quelque chose qui, par un miracle sans cesse recommencé, nous paraît tout simple et tout naturel. Quelque chose d'obscur et de lumineux qui est lié à l'espace et que nous appelons le temps.

11

AVEC SON PASSÉ QUI N'EST PLUS, son avenir qui n'est pas encore et son éternel présent toujours en train de s'évanouir entre souvenir et projet, le temps est la plus prodigieuse de toutes les machineries. Aucun phénomène de la nature, aucune invention humaine, aucune combinaison de l'esprit, aucune intrigue de roman, de cinéma, de théâtre ou d'opéra, si compliquée qu'elle puisse être, ne lui parvient à la cheville. À un être venu du néant éternel et qui ne connaîtrait rien de notre monde, il serait impossible d'expliquer cette transformation d'un avenir en passé à travers un présent qui nous semble si simple et si évidente.

L'avenir n'est nulle part et il ne manque pourtant jamais de nous tomber dessus. Le passé n'est plus, mais il a été et, d'une certaine façon, il est pourtant encore, mais personne ne sait où. Le présent est une espèce d'éternité au rabais, d'éternité de pacotille, sans cesse pressé de passer et pourtant toujours là.

Cauchemar apprivoisé, très antérieur à l'homme, le temps est lié à la pensée de façon si troublante qu'une sorte de vertige naît de sa seule évocation. Indicible et inconcevable, le temps est encore plus difficile à penser que ce néant dont Parménide assurait qu'il ne fallait même pas en parler. Planant si loin au-dessus de notre misérable condition, l'éternité elle-même prend au regard du temps l'allure d'un jeu d'enfant. Contrairement aux apparences une fois de plus trompeuses, le temps est un miracle et l'éternité est toute simple.

12

Le temps est la marque de fabrique laissée par Dieu sur l'univers. Il naît dans la première fraction infinitésimale de notre longue aventure. Il se jette sur le monde dans l'explosion primordiale à laquelle, pour rire, nous avons donné le nom de big bang.

Impossible de mieux marquer ce qu'il y a d'immense et de dérisoire dans notre réalité qui est mouvement et croissance, qui est progrès et déclin. Dès le premier instant, si triomphal, la fin est déjà inscrite. Parce que toute chose commence avec le temps meurtrier, la naissance de ce tout qui nous paraît éternel avec son soleil et sa lune, avec ses étoiles, avec ses jours et ses nuits qui se succèdent sans se lasser, avec sa longue histoire, avec ses drames et ses bonheurs, n'est rien d'autre que l'annonce de sa mort. Dieu lâche le temps sur le monde pour le créer et le détruire. Alpha et Oméga. Vishnu et Siva. Le début appelle la fin. La mort est l'autre nom de la vie. Comme la naissance de chacun d'entre nous, la première fraction de seconde de cet univers encore tout neuf est déjà lourde de sa disparition. Jailli du néant, le monde, plongé dans le temps, est, dès son origine, un retour au néant.

13

TOUT À FAIT AU DÉBUT, le monde n'est presque rien. Et, tout à fait au début, il est déjà immense par sa température et par sa densité. Il était difficile à Dieu de mieux montrer d'un seul coup et avec plus d'éclat ce que seraient la matière, l'histoire, la vie, la pensée : à la fois rien et tout. Un torrent de grandeur et de fragilité.

Dans la première fraction de seconde de l'univers, la totalité de l'histoire du monde est déjà au travail. Il n'y a plus qu'à laisser le temps faire et défaire son œuvre. Dieu peut se retirer dans son néant infini. Le temps, qui n'était pas encore et qui règne déjà, suffit à le remplacer ici-bas.

Il ne le remplace pas tout seul. Indissoluble du temps, l'espace naît lui aussi de l'explosion primitive. À eux deux, mais différemment, ils sont la petite monnaie et les héritiers de Dieu, impatient de disparaître derrière sa création.

14

DANS LE NÉANT INFINI DE DIEU – comme dans le néant de la mort pour chacun d'entre nous –, il n'y avait ni espace ni temps. Le coup de génie de Dieu est d'avoir créé l'espace et d'avoir créé le temps.

L'espace, comme chacun d'entre nous, surgit minuscule et rêveur de l'infini du rien. C'est la pointe d'épingle très dense et très chaude, dont on nous rebat les oreilles, une poussière, un grain de matière appelé à croître et à se développer. La science nous apprend que l'espace, né avec et dans le big bang, est, depuis treize milliards sept cents millions d'années, en expansion accélérée. Cette expansion se poursuit. Pour toujours ? Personne ne le sait. Il n'est pas impossible que le mouvement s'inverse et qu'une phase de contraction succède à la phase d'expansion. La science d'aujourd'hui incline pourtant plutôt vers une expansion continue qui s'achèverait au loin dans une dissolution glaciale et non dans un retour à la fournaise primitive. Inséparable de l'espace, le temps, lui, coule immuable et universel, toujours semblable à lui-même. Et il s'accumule.

Nous savons à peu près ce qu'est l'espace, ordre de la coexistence et de notre puissance, avec ses trois dimensions – et peut-être beaucoup d'autres, enroulées et cachées, invisibles à nos yeux. Nous ignorons ce qu'est le temps, ordre de la succession et de notre impuissance, dont l'univers entier et nous-mêmes subissons les effets et dont les physiciens assurent qu'il n'existe peut-être même pas. Autant l'avouer tout de suite : avec un espace si simple et si obscur, avec un temps si évident, si complexe et si improbable, nous vivons en plein mystère.

Dieu est sans doute un mystère. Mais le monde lui-même est aussi un mystère. Il faut nous rendre à l'évidence : du mystère du rien est sorti le mystère de notre tout. Un mystère a donné naissance à un autre mystère. Dieu, aujourd'hui, reste pour nous un mystère. Quant aux mystères de l'espace et du temps, toujours en train, l'un et l'autre, de se dilater et de s'accroître, nous nous sommes si bien habitués à eux qu'ils nous semblent familiers et d'une transparence à la fois terrifiante et tout à fait confortable.

15

Nous vivons, rien de plus clair, dans un monde en train de se développer grâce à l'espace et au temps. À la différence du néant infini, où rien ne bouge jamais et dont la mort nous donne une idée, sa loi est le changement. Disons-le d'un mot : Dieu n'a pas créé un état permanent, une situation stable, un système bloqué sur lui-même : il a créé une histoire.

Cette histoire est confiée au temps. Elle a deux béquilles, deux ministres, deux lois qui se renforcent l'une l'autre : le hasard et la nécessité. Tout se passe dans ce monde comme si Dieu avait confié ses pouvoirs au temps, appuyé sur le hasard et la nécessité.

Dieu, en créant l'univers, s'est interdit lui-même à la façon du joueur qui se ferme volontairement les portes du casino. Il s'est rendu inutile à la marche du monde. Au moins apparemment, puisque l'espace, le temps, la nécessité n'en finissent jamais, mais en secret, d'être soutenus par lui.

16

Pour soutenir l'univers confié non pas aux archanges Gabriel ou Michel ni aux sephiroth de la kabbale mais à ces deux constructions d'un génie évidemment très au-dessus de ce monde et très au-delà de l'entendement des hommes que sont l'espace et le temps, Dieu a donné naissance aux nombres.

Tout au long de l'histoire de la pensée, il n'a pas manqué de grands esprits pour défendre la thèse de l'éternité des nombres. Comme tout le reste (y compris Dieu ?), les nombres sont en vérité une invention et une conquête des hommes. Nous savons désormais que les nombres apparaissent en Mésopotamie, trois mille ans avant notre ère, dans les royaumes d'Élam et de Sumer, à l'emplacement de l'Irak d'aujourd'hui. Ce sont les hommes qui les pensent, les organisent, les combinent, ce sont eux qui leur donnent leurs noms et qui en tirent les principes et les conséquences qui se confondent, comme chacun sait, avec l'univers lui-même. Mais comme tout le reste aussi, les hommes ne peuvent penser les nombres que parce que Dieu a créé les conditions nécessaires pour qu'ils puissent les penser.

Les nombres ne règnent pas dans le rien. L'éternité du néant est indifférenciée. Ce n'est pas seulement une nuit où, selon une formule utilisée à propos de la philosophie idéaliste allemande, toutes les vaches seraient noires; c'est une nuit où il ne serait pas encore possible de distinguer les vaches les unes des autres ni de les compter. Dans le néant comme dans la mort, les nombres n'existent pas plus que les couleurs ou les formes.

En créant l'espace et le temps, Dieu, qui est l'Un absolu et unique, crée simultanément cette quincaillerie stupéfiante qui nous paraît si banale: des unités éparpillées, capables d'être rassemblées mais distinctes et qui ne se confondent plus avec lui. L'Un donne naissance aux autres. Du rien qui était tout surgissent des individus qui peuvent se réunir et se combiner, mais qui sont séparés les uns des autres.

17

AVEC L'ESPACE ET LE TEMPS, avec les nombres, avec la nécessité et le hasard tombés tous ensemble de cette main de l'Éternel dont nous savons bien qu'elle n'est pas une main et de son esprit qui n'a rien à voir avec le nôtre, le monde sort du néant.

18

Au moins en deçà du mur de Planck, nous connaissons désormais à peu près, grâce aux progrès de la science et plus particulièrement de la physique mathématique, les détails de l'explosion primitive et nous pouvons comprendre et expliquer *comment* les choses se sont passées au cours des premières minutes et surtout des fameuses trois premières secondes de l'univers. Le *pourquoi* nous échappe complètement. Le *comment* relève de la science. Le *pourquoi* appartient au roman.

La question du *pourquoi* ne se pose que dans l'hypothèse d'un Dieu créateur. Elle ne se pose pas dans l'hypothèse d'un univers né du hasard. Mais si le *pourquoi* est éliminé par le hasard, nous avons vu que le hasard lui-même est éliminé à la fois par la rigueur inflexible de l'ordre du monde et par le surgissement de l'espace et du temps qu'il est difficile de porter à son crédit. Nous voilà une fois de plus rejetés du côté de Dieu, personnage principal du formidable roman sur rien qu'est la naissance du monde. Qu'est-ce qui a bien pu pousser Dieu à faire sortir notre tout de ce tout primitif qui se confondait avec rien ? Pourquoi y a-t-il quelque chose au lieu de rien ?

19

La première réaction d'un individu né et installé sur le troisième objet céleste massif à tourner autour du Soleil, la plus simple, la plus élémentaire, est de croire que le monde est sorti du néant pour parvenir jusqu'à lui.

Le décor est majestueux. Plusieurs milliards d'années depuis le rien. Quelque chose comme cinq milliards d'années depuis la mise en place, dans un coin reculé du ciel en expansion, du Soleil et de cette Terre où il va se mettre à habiter. Trois milliards et demi d'années, un peu plus, un peu moins, depuis les débuts hasardeux et encore timides de la vie d'où il sort. Et puis la marche triomphale vers la station debout, vers le chant, vers le rire, vers l'amour, vers l'homme et sa pensée, il y a quelques dizaines de milliers d'années à peine, un clin d'œil, un fétu de paille. De quoi lui tourner la tête et le rendre ivre d'orgueil au lieu de l'accabler, comme il faudrait, d'un sentiment d'humilité parmi tant de grandeur.

Les dinosaures avant leur disparition, les vertébrés, les primates dont nous descendons ne se croyaient pas au centre d'un univers fait pour eux. Cette conviction naïve est venue aux hommes avec leur pensée. Parce que cette pensée leur permettait de comprendre leur passé après l'avoir reconstitué à la façon d'un détective fier de résoudre une énigme, ils se sont imaginé que l'histoire universelle aboutissait à eux et qu'ils étaient la fin et comme le couronnement de l'immense édifice né, pour les uns, d'un pur et simple hasard étrangement organisateur, pour les autres de la main d'un Dieu mystérieusement créateur.

L'apparition de la pensée est à coup sûr l'événement le plus important de l'histoire de l'univers depuis sa sortie du néant. On dirait que le monde est créé pour la seconde fois. Selon une méthode très différente de la première. La première : un coup de tonnerre dans le vide. La seconde : une greffe sur ce qui existe déjà. Dans les deux cas : une lente évolution à partir d'un point de départ minuscule vers de prodigieuses conséquences.

Capable, par un nouveau mystère, de s'emparer et de rendre compte, grâce au cerveau abrité dans sa tête, derrière ses yeux, son nez, ses oreilles et sa bouche, du tout d'où elle sort et qui l'entoure, de son passé parti ailleurs et de son avenir en pointillé, la pensée a quelque chose de foudroyant qui la rapproche du divin. On peut comprendre qu'elle ait rendu fou de puissance et d'orgueil le misérable primate qui avait décroché le gros lot grâce à elle. Et qu'elle l'ait convaincu qu'il était le seigneur, le but, la fin dernière de la création.

Nous voilà loin du rien par quoi tout a commencé. La création d'abord, la pensée ensuite sont de formidables machines à noyer le néant sous les flots successifs de ce rêve de Dieu que nous appelons le réel. La matière, avec ses atomes, ses électrons, ses positrons, ses protons, ses neutrinos, ses quarks et tout le tremblement. La lumière, avec ses photons, et longtemps personne pour la voir. L'eau. L'air.

Les étoiles. Les galaxies. Et puis la pensée qui vous reprend tout ça, qui l'emballe, qui le transforme et qui lui donne un sens – ou une absence de sens, mais qui réclame un sens. Oui, de quoi devenir fou.

Fou de grandeur. Fou de petitesse. La pensée pense le monde. Elle pense Dieu. Elle se pense elle-même. Elle pense aussi la vie de tous les jours, les impôts, la scarlatine, l'argent, la carrière, la sottise, la vanité, la jalousie. Elle est la reine de la longue histoire racontée par le temps sous les yeux d'un Dieu remplacé par les hommes.

Elle aurait tort, pourtant, la pensée triomphante, de croire qu'elle est le but et la fin de l'histoire. Notre passé se compte en millions et en milliards d'années. Notre avenir aussi. Il n'est pas impossible que d'ici quelques millions ou quelques milliards d'années – ou peut-être demain – sorte de la pensée quelque chose d'aussi nouveau, d'aussi puissant et d'aussi inimaginable pour les hommes que la vie pour les étoiles ou la pensée pour les algues.

Nous autres les hommes, nous autres les femmes, nous sommes le sommet et le chef-d'œuvre de la création. Les dinosaures l'ont été aussi, il y a cent millions d'années, son chef-d'œuvre et son sommet. On les trouve maintenant, avec beaucoup de gaieté, sous la terre, dans les musées, dans des films entre Katharine Hepburn et Cary Grant. En dépit de leur pensée et malgré leur orgueil, je doute un peu que le sort lointain des hommes soit beaucoup plus enchanteur que celui des dinosaures. C'est drôle : s'il fallait parier, je parierais plutôt sur Dieu, tombé si bas dans nos sondages, que sur les hommes si contents d'eux.

20

En dépit de la formule célèbre d'Einstein – « Dieu ne joue pas aux dés » –, Dieu est un joueur qui n'en finit jamais de donner des preuves de son faible pour le hasard. Régie par les lois implacables de la nécessité, l'histoire universelle est aussi, simultanément et indissolublement, un grand jeu de hasard où tout ce qui paraîtra inéluctable dans le passé aura été d'abord imprévisible dans l'avenir.

Le plus souvent opposés l'un à l'autre, le hasard et la nécessité sont étroitement liés. On dirait que le hasard est l'agent secret de la nécessité et que l'un et l'autre sont au service de Dieu.

Dans le grand jeu de l'univers, à l'image indéfiniment répétée de l'explosion primitive, à l'image aussi de l'origine de la vie – et même, d'une certaine façon, de l'origine de chacun d'entre nous –, des flots de nécessité sortent de hasards minuscules.

Comme dans n'importe quel jeu, il y a dans le jeu de l'histoire, avant et après la vie et la pensée, des gagnants et des perdants, des vainqueurs et des vaincus. Les hommes attribuent souvent les hasards qui ont décidé de leur destin à ce qu'ils appellent leur étoile. Il n'y a pas de grande figure, de conquérant, de découvreur, d'inventeur, de créateur qui n'ait pas, au moins une fois dans sa vie, été servi par le hasard. Une rencontre. Une occasion. Une situation passagère à saisir par les cheveux. Les Grecs anciens honoraient un petit dieu appelé Kairos, qui veillait sur l'instant opportun, sur le moment précis où il fallait s'emparer de l'avenir. L'empereur Napoléon, qui, plus que personne, croyait à son étoile, avait l'habitude de demander à l'officier à qui il avait l'intention de confier un commandement s'il était heureux – c'est-à-dire s'il avait de la chance.

Chacun d'entre nous a eu au moins une chance : celle d'être né. Comme toutes les chances, cette chance originelle aussi peut se retourner. Pour des raisons différentes et à peu près innombrables

– l'argent, l'amour, la santé, l'orgueil, la vanité, toutes les passions, des plus hautes aux plus basses, tous les froissements de l'esprit et du corps –, il y a des gens malheureux. Beaucoup maudissent le hasard qui les a fait sortir de ce néant où personne ne souffre jamais. « Les enfants que je n'ai pas eus, disait Cioran, ne savent pas tout ce qu'ils me doivent. » Et déjà l'Ecclésiaste : « J'ai préféré l'état des morts à celui des vivants ; et j'ai estimé plus heureux celui qui n'est pas né encore et n'a pas vu les maux qui sont sous le soleil. »

21

TOUT UN ASPECT de notre monde n'est jamais étudié, et rarement évoqué : c'est son côté comique. Un comique amer, naturellement. Un comique cruel. Très comique, malgré tout. Dès ce début si minuscule avec des détails gigantesques et de grandes espérances encore enfouies sous le chaos et dues à un hasard ironique ou à un Dieu qui s'amuse de ses pouvoirs sans bornes.

L'histoire offre sans aucun doute de quoi sourire et de quoi rire. Passons assez vite sur ce qu'il y a d'amusant et de gai dans le comportement des animaux, familiers ou moins familiers, qui nous entourent. Ne parlons même pas des jeux de mots, des saillies des vainqueurs ou des vaincus, des dernières paroles des mourants, des traits d'esprit, des situations irrésistibles. Quand Villiers de l'Isle-Adam s'écrie sur son lit de mort: « Eh bien! on s'en souviendra de cette planète! », quand Woody Allen, soucieux d'une vie douteuse après la mort, finit par se demander s'il y a même une vie avant la mort, quand une actrice célèbre répond à un journaliste qui lui demande combien elle a eu de maris: « En comptant les miens? », comment ne pas rire de notre humaine condition? Nature et culture fourmillent de drôlerie.

Les gaietés du hasard sont évidemment accidentelles. Dieu, en revanche, si c'est à lui que nous devons d'être là, est un joueur invétéré. On soutiendrait volontiers que sa création est un grand jeu, tragique bien entendu, mais aussi comique où, tous, nous tenons, plus ou moins bien, nos rôles. Le pouvoir est une comédie, l'argent est une comédie, la vie sociale est une comédie, le sexe est la plus tragique et la plus comique des comédies, tous les péchés capitaux, à commencer par l'orgueil, sont de formidables comédies.

22

QUE L'HISTOIRE, si souvent comique, soit aussi et d'abord tragique, tout le monde le sait, personne n'en doute. Elle est tragique parce que, sortis du néant grâce aux mécanismes habituels du hasard et de la nécessité, nous retournons au néant par le jeu de ces mêmes mécanismes. « Dieu, nous dit Paul Valéry, a fait le monde de rien. Le rien perce. » Le rien perce tout au long de nos vies misérables et brillantes. Et, à la fin, après avoir joué avec nous comme le chat avec la souris, il se jette sur nous et il nous dévore. L'histoire est une parenthèse au cœur de l'éternité. Les hommes sont une parenthèse au cœur de l'histoire. Chacun de nous est une parenthèse au cœur de la foule des hommes. Tout cela fait un cortège d'exceptions qui courent vers le désastre, un feu de paille qui ne pense qu'à s'éteindre. Tu es poussière et tu retourneras en poussière.

Le monde est une vallée de larmes. Et une vallée de roses. La vie est une fête. Une fête délicieuse et très gaie. Et une fête sinistre. Comme l'indiquent avec évidence ses premiers pas hors du rien entre surabondance et absence, l'univers est un oxymore.

23

IL Y A DU MAL DANS LE MONDE. Et dans des proportions si effrayantes que, de Job au goulag et à la Shoah, de la chute de Troie, de Carthage, de Rome, de Bagdad, de Constantinople, de Berlin au tremblement de terre de Lisbonne, aux éruptions du Vésuve ou du Krakatoa, aux raz de marée un peu partout ou aux famines en Chine, les hommes se sont beaucoup interrogés sur un Dieu qui permet tant de souffrance. Et qui peut-être l'organise. Quand ils s'obstinent à croire en lui, il leur arrive de le maudire. Et quand ils ne le maudissent pas, ils inventent quelqu'un d'autre, aussi invraisemblable que Dieu, qu'ils appellent Lucifer, ou le diable, ou Ahriman, ou Seth, ou Ah Puch. Les anciens Grecs et les anciens Romains s'imaginaient avec plus ou moins de conviction que les dieux se disputaient entre eux et que Héphaïstos ébranlait la terre et la mer pour embêter Aphrodite, sa femme volage, ou que Jupiter, de mauvaise humeur, à bout de patience ou simplement indifférent, laissait Mars déclencher des guerres sanglantes. Apparemment insoluble et avec Dieu et sans Dieu, le problème du mal et de la souffrance n'en finit pas de tourmenter les hommes.

Le mal n'existe pas avant les hommes qui le maudissent. La souffrance existe avant les hommes, mais le mal n'apparaît qu'avec eux. Pendant des milliards d'années, l'univers se développe dans des tourbillons où, jumeaux ennemis et complices, le hasard et la nécessité se livrent des batailles sans fin. Ni la souffrance ni le mal n'y ont la moindre place. Arrive la vie. Le mal n'est toujours pas là. Mais la souffrance déjà pointe le bout de son nez. Parce qu'il est plongé dans le temps, le monde n'en finit pas à la fois de changer, de vieillir, de se dégrader et de se renouveler. Bien plus résistantes que nous, même les bactéries se transforment. Les amibes dépérissent. Bleues ou vertes, les algues meurent. Et les éponges. Et les méduses. Bientôt, les prédateurs poursuivent leurs proies, les font souffrir et les détruisent. Inséparable de la vie, la mort rôde déjà. Et puis, la pensée surgit. Et le mal avec elle.

Tout se passe comme si Dieu avait mis de force un marché cruel entre les mains de la vie : « J'introduis la vie dans l'univers, mais la souffrance l'accompagne. » Il récidive avec la pensée : « Je te donne la pensée, pourrait-il dire à l'homme, mais, en plus de la souffrance et de la mort qui sont la loi de la vie, tu auras aussi le mal. Et, parce que tu seras libre, tu en seras responsable. »

Bien sûr, ce que la souffrance est à la vie, le mal l'est à la pensée : un compagnon, un moniteur, une mise en garde. Ça nous fait une belle jambe. Ce que nous voudrions savoir, c'est bien autre chose : la souffrance et le mal ont-ils le moindre sens ?

24

LES HOMMES SONT LIBRES. Ou ils se croient libres. Ils sont, en vérité, si étroitement maintenus dans un fragment dérisoire de l'espace et dans leur époque d'où il leur est interdit de s'échapper que leur fameuse liberté, dont ils font si grand cas, n'est que trompe-l'œil et illusion.

Ils s'imaginent volontiers pouvoir agir sur le futur et sur l'histoire à venir, mais rien n'est plus nécessaire que l'histoire une fois faite et que le passé accompli. En dépit d'un avenir imprévisible, l'histoire est à jamais immuable. Et même dans l'avenir, s'il est impossible de prévoir les actions et les réactions des individus, il est possible et presque facile de prévoir les mouvements de masse. Personne ne peut savoir si vous franchirez le 15 août prochain le

Gothard ou le Golden Gate, si vous traverserez la Manche ou le canal de Suez. Mais le nombre global des personnes qui se livreront ce jour-là – librement et nécessairement – à ce genre d'activité est tout à fait prévisible. Même si les décisions des individus sont aléatoires et indéterminées, la probabilité des grands nombres relève de calculs assez bien maîtrisés.

Le comportement des êtres humains à l'échelle de l'univers si infiniment grand ne semble pas très différent du comportement des particules dans l'infiniment petit. Tout le monde sait qu'en dépit du déterminisme qui commande la réalité macroscopique, un certain degré d'incertitude règne au niveau des électrons et des autres particules dont il est impossible de déterminer avec précision à la fois la vitesse et la position. De la même façon, il est impossible de prévoir le comportement d'un individu microscopique de notre genre alors même que l'histoire et l'univers poursuivent imperturbablement leur chemin de nécessité.

Peut-être osera-t-on suggérer qu'à l'image des particules, leurs prédécesseurs, les créatures humaines sont libres d'aller à droite ou à gauche, de prendre une décision ou une autre, de choisir tel ou tel chemin, mais que la nécessité de l'histoire de la vie de l'univers en est à peine affectée. Les hommes sont capables de faire preuve de violence, de cruauté, d'avidité, de refuser la justice et la vérité, de trahir leurs serments, de céder à leurs passions, d'écraser les plus faibles. Ils sont capables de choisir le mal. L'histoire s'en fiche. Elle continue. Sinon dans le bien, du moins pour le meilleur du seul monde possible et réel.

25

L'IMMENSE AVANTAGE DE DIEU, qui est si peu vraisemblable, est de donner au monde, invraisemblable lui aussi, une espèce de cohérence et quelque chose qui ressemble à l'espérance. Sous l'œil et sous la main de Dieu, l'histoire, incompréhensible sans Dieu, cruelle et paradoxale avec lui, prend un semblant de sens : elle est un discours qui se poursuit, un roman en route vers sa fin, un labyrinthe mis en mouvement. C'est un parcours et un jeu – accidenté comme tous les parcours, incertain comme tous les jeux. C'est une énigme en attente de sa solution hors du temps. C'est une épreuve.

26

AVEC DIEU C'EST TOUT SIMPLE : la vie des hommes est une épreuve et le monde est le théâtre où se joue cette épreuve.
Toute vie est une lutte contre les éléments, un effort pour subsister, un rôle à jouer pour cet acteur qu'est tout être vivant. La vie est une épreuve pour l'éphémère, pour la fourmi et pour l'abeille, pour le chien et le chat, pour l'âne, pour le chameau, pour le lion dans le désert. Et elle est une épreuve pour l'homme doué de pensée et de liberté.

Au bout de toute vie, il y a un terme de l'épreuve : c'est la mort. Les justes, les bons, les gens de bien qui ont affronté la souffrance et qui n'ont pas cédé au mal ni succombé à la tentation seront récompensés : ils verront Dieu. La vérité leur sera donnée. Ils échapperont au néant et aux flammes de l'enfer où seront jetés les méchants qui auront fait le mal. Instruments de l'épreuve divine, la souffrance et le mal sont enfin justifiés.

27

Ce ne sont pas les philosophes, les astronomes, les physiciens, les chimistes, les mathématiciens qui ont dissipé ce rêve du bonheur après la mort. C'est un navigateur qui avait pensé devenir pasteur, un homme qui aimait la nature et ses espèces, le plus grand des anthropologues, des préhistoriens et des biologistes : c'est Darwin.

Rassemblant la botanique, la paléontologie, l'embryologie et la zoologie dans la biologie, Darwin découvre deux choses qui changent l'image que nous pouvions nous faire de l'univers et de l'homme. D'abord, que le monde et la vie remontent à beaucoup plus loin que ne l'imaginaient saint Augustin, saint Thomas d'Aquin, Bossuet ou même Buffon : à des millions et à des milliards d'années au lieu de quelques milliers. Ensuite, que tous les êtres vivants descendent d'un ancêtre commun, que les plantes sont nées d'une bactérie primitive, que les animaux sortent des plantes et que l'homme est un animal qui s'est mis à penser et un primate modifié. Pressenties déjà par Diderot dans un texte étonnant, puis par Goethe qui se demande si toutes les formes végétales ne proviendraient pas d'une origine unique, ces découvertes allaient bouleverser notre idée du tout autour de nous et du rien avant nous et après nous.

Personne ne pense sérieusement qu'il puisse y avoir, après la mort, une vie éternelle ni un paradis pour les lézards, pour les fauvettes, pour les gorilles, les bonobos ou les chimpanzés. Personne ne pense sérieusement qu'il puisse y avoir, après la mort, autre chose que rien pour les vivants autres que les hommes. Comment pourrait-il y avoir, après la mort, pour les hommes qui sont des singes bavards et savants, des primates adonnés à la poésie et aux mathématiques, des animaux doués d'une longue mémoire et faiseurs de projets, autre chose que pour les créatures dont ils descendent en droite ligne – c'est-à-dire rien ?

28

PERSONNE, EN REVANCHE, ne pense sérieusement qu'il n'y ait pas un abîme entre les méduses, les scorpions, les araignées et même les fourmis et les abeilles, si douées, ou les singes, si subtils qu'ils puissent être, et ce que nous appelons les hommes. En dépit de Darwin et de son transformisme, il y a une frontière infranchissable et d'une clarté surprenante entre les autres créatures vivantes et nous.

29

NOUS EN SOMMES LÀ : pour les uns, nous sommes des primates améliorés et nous subirons, après notre mort, le sort des vertébrés et des mammifères auxquels nous appartenons et des singes qui sont nos cousins ; pour les autres, nous sommes radicalement différents de toutes les autres créatures vivantes et il y a en nous comme un pâle reflet du divin.

Faut-il soutenir que la pensée, le langage, le goût de la vérité et de la beauté, le sens du bien et du mal, tout ce qu'on a longtemps ramassé sous le vocable aujourd'hui à peu près disparu de *conscience* suffit à assurer toute la différence, après la mort, entre rien et l'espérance de quelque chose d'ineffable ? L'image que nous nous faisons, dans un sens ou dans l'autre, du grand roman du tout se joue sur cette ligne de partage entre le néant et Dieu.

30

IL N'Y A QU'UN CHOIX, en fin de compte, et tout se joue dans ce choix : entre le néant travaillé par le hasard et Dieu. Nous ne pouvons rien savoir du néant avant le big bang ni du néant après notre vie. Les choses sont si bien tricotées que le mur de Planck et le mur de la mort sont également infranchissables. Mais nous pouvons nous faire une idée de ce qui est possible et de ce qui est impossible. Si l'univers est le fruit du hasard, si nous ne sommes rien d'autre qu'un assemblage à la va-comme-je-te-pousse de particules périssables, nous n'avons pas la moindre chance d'espérer quoi que ce soit après la mort inéluctable. Si Dieu, en revanche, et ce que nous appelons – à tort – son esprit et sa volonté sont à l'origine de l'univers, tout est possible. Même l'invraisemblable. D'un côté, la certitude de l'absurde. De l'autre, la chance du mystère.

Beaucoup, tout au long de l'histoire, et surtout de notre temps, ont choisi l'absurde. Avec ses conséquences. Il y a de la grandeur dans ce choix. Du désespoir. De l'orgueil. De la grandeur. Peut-être par tempérament, parce que j'ai aimé le bonheur, parce que je déteste le désespoir, j'ai choisi le mystère. Disons les choses avec une espèce de naïveté : il me semble impossible que l'ordre de l'univers plongé dans le temps, avec ses lois et sa rigueur, soit le fruit du hasard. Du coup, le mal et la souffrance prennent un sens – inconnu de nous, bien entendu, mais malgré tout, un sens. Du coup, je m'en remets à quelque chose d'énigmatique qui est très haut au-dessus de moi et dont je suis la créature et le jouet. Je ne suis pas loin de penser qu'il n'y a que l'insensé pour dire : « Il n'y a pas de Dieu. » Je crois en Dieu parce que le jour se lève tous les matins, parce qu'il y a une histoire et parce que je me fais une idée de Dieu dont je me demande d'où elle pourrait bien venir s'il n'y avait pas de Dieu.

31

UN DES ARGUMENTS les plus forts de ceux qui ne croient pas en Dieu est que Dieu n'a pas créé les hommes à son image, mais que les hommes ont créé Dieu à la leur. Je ne prends pas du tout à la légère cette boutade en forme de renversement. Non seulement les hommes ont créé Dieu à leur image – que pouvaient-ils faire d'autre, enfermés dans ce monde ? –, mais Dieu les a encouragés dans cette activité. Puisque, pour ceux au moins qui se disent chrétiens, il est descendu parmi nous et s'est changé en homme. Le propre du christianisme, qui se distingue à cet égard de toutes les autres religions, est que Dieu s'est fait homme et qu'il est amour.

Dans beaucoup de religions, les dieux se changent en hommes. Fils d'Alcée, roi de Tirynthe, petit-fils de Persée, Amphitryon avait épousé Alcmène, fille du roi de Mycènes. Alcmène était très belle et elle était fidèle. Pour parvenir à ses fins, qui n'étaient guère honnêtes, Zeus prit l'apparence d'Amphitryon et eut d'Alcmène abusée un fils qui devait devenir célèbre : c'était Hercule. Dieu majeur de l'Égypte ancienne, Osiris était aussi un homme, tué par son frère Seth et ressuscité par Isis qui recousit pièce par pièce les morceaux de son corps réduit en miettes par l'assassin.

Fils de Dieu comme nous tous, Jésus ne dit nulle part qu'il est Dieu. Il se dit seulement envoyé par le Père et il déclare, par la bouche de Jean, 14,6 : « Je suis le chemin, la vérité et la vie. Nul ne vient au Père que par moi. » Et il dit encore, Jean, 15,12-17 : « Aimez-vous les uns les autres, comme je vous ai aimés. Il n'y a pas de plus grand amour que de donner sa vie pour ses amis. Vous êtes mes amis si vous faites ce que je vous commande [...]. Ce que je vous commande, c'est de vous aimer les uns les autres. » Marc, 12,29-31, s'exprime presque dans les mêmes termes. À un scribe qui lui demande quel est le premier de tous les commandements, Jésus répond :

« Voici le premier [...] : Tu aimeras le Seigneur, ton Dieu, de tout ton cœur, de toute ton âme, de toute ta pensée et de toute ta force. Voici le second: Tu aimeras ton prochain comme toi-même. Il n'y a pas d'autre commandement plus grand que ceux-là. » Matthieu, 25,35-40, met en scène le Fils de l'homme dans sa gloire qui déclare aux justes: « J'ai eu faim, et vous m'avez donné à manger; j'ai eu soif, et vous m'avez donné à boire; j'étais étranger, et vous m'avez recueilli; j'étais nu, et vous m'avez vêtu; j'étais malade, et vous m'avez visité; j'étais en prison, et vous êtes venus vers moi. » Les justes, étonnés, lui demandent: « Seigneur, quand t'avons-nous vu avoir faim, et t'avons-nous donné à manger? ou avoir soif et t'avons-nous donné à boire? quand t'avons-nous vu étranger et t'avons-nous recueilli? et nu, et t'avons-nous vêtu? quand t'avons-nous vu malade ou en prison, et sommes-nous allés vers toi? » Alors, le Fils de l'homme devenu roi de l'univers leur répond: « Je vous le dis en vérité, toutes les fois que vous avez fait ces choses à l'un de ces plus petits de mes frères, c'est à moi que vous les avez faites. » Dans Luc, 17,20-21, aux pharisiens qui lui demandent quand viendra le royaume de Dieu, Jésus répond : « Le royaume de Dieu ne vient pas de manière à frapper les regards. On ne dira point : il est ici, ou : il est là. Car voici : le royaume de Dieu est au milieu de vous. »

Le royaume de Dieu est au milieu de vous… Aimez-vous les uns les autres… Toutes les fois que vous avez fait ces choses à l'un de ces plus petits de mes frères, c'est à moi que vous les avez faites… La seule façon d'aimer Dieu est de servir les hommes. Par ses origines, la doctrine de Jésus est un humanisme.

Si Dieu se fait homme, l'homme, pour la première fois, dans le christianisme, se hisse à la hauteur du divin. Un des titres que Jésus, Fils de Dieu, se donne le plus volontiers est celui de Fils de l'homme.

Il est impossible aux hommes de connaître Dieu qui n'appartient pas à ce monde qu'il a tiré de rien. Ils ne peuvent ni l'imaginer ni le concevoir. Ils ne peuvent se faire une idée de lui qu'à travers les hommes. Dans une autre religion, l'islam, Mahomet, qui n'est pas Dieu, est son prophète et il faut passer par lui pour atteindre Dieu comme il est nécessaire pour les chrétiens de passer par le Christ, qui est Fils de l'homme et de Dieu, pour pouvoir atteindre Dieu.

Pour les hommes au moins, Dieu n'est rien sans les hommes.

32

C'EST COMME ÇA : pour les hommes au moins, Dieu n'est rien sans les hommes. Si vous voulez aimer Dieu, il faut aimer les hommes. Vous ne pouvez pas aimer Dieu sans aimer les hommes. Vous pouvez aussi haïr Dieu et haïr les hommes. Beaucoup ont choisi cette voie-là. Je ne leur fais pas grand crédit au commerce de l'âme. Je suis de ceux qui croient qu'il est très beau mais très difficile et assez désespéré d'aimer les hommes sans aimer Dieu. Parce qu'il y a quelque chose au-dessus des hommes qui nous est inconnu et nous pousse à aimer les hommes au lieu de les détester. Quelque chose que nous ne pouvons nous représenter, imparfaitement bien entendu, dans la crainte et le tremblement, dans une sorte de paradoxe et presque d'absurdité apparente, qu'à travers les hommes et que nous appelons Dieu.

Dieu sans les hommes est un rêve vide, très proche de rien, un néant infini, une éternité d'absence. Il est une invitation à la solitude et à l'orgueil. Il mène à l'intolérance, à une espèce de folie et souvent à l'horreur. Les hommes sans Dieu sont guettés par une autre forme d'orgueil et par l'absurde dans toute sa pureté. Ils sont, eux aussi, sur le chemin de l'horreur et de la folie.

33

Une idée comme une autre, et peut-être moins absurde que les autres : Dieu nous a donné la vie pour que nous en profitions. Pour que nous soyons heureux. Pour que nous nous supportions et que nous nous aimions les uns les autres. Et pour que nous chantions les louanges de l'Éternel dans les interstices de la pensée et du mal.

34

J'ai aimé Dieu, qui n'est rien aux yeux des hommes qui ne sont rien. Je n'ai détesté ni les hommes ni les femmes. Et j'ai aimé la vie qui est beaucoup moins que rien, mais qui est tout pour nous. Je chanterai maintenant la beauté de ce monde qui est notre tout fragile, passager, fluctuant, et qui est notre seul trésor pour nous autres, pauvres hommes, aveuglés par l'orgueil, condamnés à l'éphémère, emportés dans le temps et dans ce présent éternel qui finira bien, un jour ou l'autre, par s'écrouler à jamais dans le néant de Dieu et dans sa gloire cachée.

35

Il y a d'abord le Soleil. Il règne. Il est là. Nous ne vivons que par lui. Il est l'inverse trompeur du néant. Trompeur, parce qu'il ne fait que camoufler le néant auquel lui non plus, au bout du chemin, il ne réussira pas à échapper. Valéry le dit très bien :

Soleil, Soleil!... Faute éclatante!
Toi qui masques la mort, Soleil, [...]
Tu gardes les cœurs de connaître
Que l'univers n'est qu'un défaut
Dans la pureté du Non-être!

Au sud de la France, sur un cadran solaire, en occitan ou dans un dialecte latin :

Sine Soleo Sileo
Sans le Soleil, je me tais

Quand il se couche, nous nous couchons. Quand il se lève, nous revivons. Nous passons. Il demeure. Il est pour nous, mortels, l'image de l'éternité. On est en droit de se dire qu'il est là pour toujours. Et pourtant, comme vous, comme moi, comme nous tous et comme le reste, il passera, lui aussi.

Éclatant, gigantesque, source et promesse de vie, divinité dans le ciel, il est le symbole de ce monde. Et il n'est presque rien. Il y a des milliards et des milliards d'astres comme lui à travers l'univers. Il n'est devenu le Soleil que parce qu'il y a des hommes sur cette Terre qu'il éclaire et réchauffe. Quand le Soleil disparaîtra, les hommes ne seront plus rien. Mais si les hommes, comme c'est probable, disparaissaient avant lui, le Soleil ne serait plus rien qu'une pauvre étoile parmi les autres.

Une étoile passagère. Et une étoile errante. La Terre tourne autour du Soleil qui se déplace dans la Voie lactée, notre Galaxie, qui ne cesse elle-même de s'éloigner, et de plus en plus vite, des autres galaxies.

Depuis que notre tout est sorti du rien, tout bouge à toute allure partout autour de nous. Dans l'espace. Et dans le temps.

Le Soleil, en attendant, est la beauté du monde. Le monde est beau parce que le Soleil est là. Et il est beau un peu partout. Sur la mer, sur le désert, sur les montagnes, sur les fleuves et sur les rivières – et même, mais il a du mal, sur nos grandes villes et sur les usines dans leurs banlieues. Il est permis de soutenir qu'il n'y aurait pas de beauté, ni dans la nature ni dans l'art, s'il n'y avait pas de Soleil. Ce qu'il y a de mieux dans le Soleil, c'est la lumière.

36

DEPUIS À PEINE CENT ANS, nous savons tout de la lumière. Nous savons qu'elle est faite de particules élémentaires sans masse qui se présentent en même temps comme des ondes et que nous appelons des photons, qu'elle transporte du passé, qu'elle se déplace plus vite que tout, qu'elle fait en moins d'une seconde sept fois le tour de la Terre, qu'elle met une seconde à nous parvenir de la Lune, huit minutes à nous parvenir du Soleil et des millions et des millions d'années à nous parvenir des étoiles les plus éloignées de notre misérable système solaire et de notre Galaxie.

Oui, comme de presque tout le reste – sauf le temps –, nous savons tout de la lumière. Sauf l'essentiel. Nous savons comment ça marche, comment ça fonctionne. Nous savons la capturer, nous savons la conserver, nous savons la décomposer et la recomposer. Nous savons comment nos yeux la reçoivent et comment nous la percevons. Nous ne savons pas d'où vient le lien si banal et si fort entre la lumière qui se balade et la vision que nous en avons, ni pourquoi il s'est établi. Ah! bien sûr, c'est tout simple, c'est comme ça. Mais ç'aurait pu être autrement et il est au moins douteux que le hasard ait suffi à ce miracle.

37

Ni peintre ni sculpteur, ni musicien d'ailleurs, ni mathématicien, ni physicien, ni astronome, aussi peu doué pour les arts que pour les sciences, j'ai beaucoup aimé la lumière. La lumière du jour, le matin, m'a toujours enchanté. Je me réveillais de bonne humeur parce que, rayonnante ou couverte, la lumière était là. Sur Positano, sur Amalfi, sur Ravello et ses jardins, sur la vallée du Dragon, sur Dubrovnik, sur Korčula ou sur Hvar, sur Ithaque ou sur Kash, sur Symi ou sur Castellorizo, sur Karnak ou sur Udaipur, sur les places, les églises, les palais, les escaliers de Gubbio, d'Urbino, de Todi, de Spolète, d'Ascoli Piceno, et même de Pitigliano ou de Borgo Pace, assez dénuées, toutes les deux, de beautés fracassantes, d'Ostuni, de Martina Franca, des petites villes de Toscane, d'Ombrie, des Pouilles, d'Andalousie ou du Tyrol, elle m'a rendu presque fou de bonheur. Plus que les paysages, plus que la plupart des personnages, pourtant souvent enchanteurs ou subtils, que j'ai eu la chance de rencontrer, plus que l'eau, ce miracle, plus que la beauté des arbres, plus que les ânes et les éléphants, plus peut-être que les livres, plus peut-être même que le ski au printemps, la mer au fond des criques ou les femmes qui m'ont donné tant de bonheur en apparaissant, en restant et parfois en s'en allant, ce que j'ai le plus aimé dans ce monde où j'ai déjà passé pas mal de temps, c'est la lumière.

Presque autant que le temps, moins cruelle, plus tendre, moins secrète et moins mystérieuse, mais tout aussi répandue à travers tout l'univers, la lumière m'a toujours semblé murmurer en silence quelque chose de Dieu.

38

PRÉSENT PARTOUT, éternellement absent, Dieu se dissimule dans ce monde. Chacun peut pourtant dresser, comme un chant d'espérance, la liste des événements ou des occasions où il se manifeste soudain – parfois de façon surprenante – avec une sorte d'évidence et d'éclat. Incomplète jusqu'au scandale, stochastique et discutable, voici la mienne qui vaut ce qu'elle vaut et sûrement pas davantage :

– La Genèse, l'Ecclésiaste, l'Évangile de saint Jean.
– Le temple de Karnak à Louxor.
– Le temple de Ramsès II à Gournah.
– L'*Iliade et* l'*Odyssée.*
– L'Acropole d'Athènes.
– Rome entière.
– Palmyre.

– Le groupe de porphyre représentant les deux Augustes et les deux Césars, au coin de la basilique Saint-Marc et du palais des Doges à Venise.

– Les *Confessions* de saint Augustin.

– Saint-Siméon, près d'Alep.

– La mosquée des Omeyyades à Damas.

– Le chant grégorien.

– Les « Quatre Grandes » abbayes de Provence.

– Fatehpur Sikri.

– Les portes de bronze de San Zeno Maggiore à Vérone.

– Les portes du baptistère de Florence par Ghiberti.

– La *Princesse de Trébizonde* par Pisanello dans l'église Sant'Anastasia de Vérone.

– Le triptyque de la *Bataille de San Romano* par Uccello à Florence, Paris et Londres.

– Le *Saint Augustin* de Carpaccio à la Scuola di San Giorgio degli Schiavoni à Venise.

– Les fresques de Michel-Ange à la chapelle Sixtine.

– *Le Rêve de sainte Ursule* par Carpaccio à l'Académie de Venise.

– *Le Songe de Constantin* par Piero della Francesca dans l'église San Francesco à Arezzo.

– Presque tout Ronsard.

– Le *Cavalier polonais* de Rembrandt (peut-être un faux ?) à la Frick Collection de New York.

– La *Présentation de la Vierge au Temple* de Titien à l'Académie de Venise.

– La *Madone Pesaro* de Titien aux Frari de Venise.

– La *Crucifixion* du Tintoret à la Scuola di San Rocco de Venise.

– Le tombeau d'Humayun à Delhi.

– Les stances de *Polyeucte* et la traduction des *Psaumes* de Corneille.

– *Andromaque*, *Bérénice* et *Phèdre* de Racine.

– Presque tout Bach, et d'abord sa *Messe en si* et ses *cantates*.

– *Le Messie* de Haendel.

– *La Création* de Haydn.

– Tout Mozart – et d'abord l'andante du *Concerto n°21*.

– Presque tout Schubert.

– Plusieurs passages et les dernières pages des *Mémoires d'outre-tombe*.

– *À Villequier* de Victor Hugo.

– Presque tout Baudelaire.

– Plusieurs poèmes de Verlaine.

– *Sur l'eau* de Manet.

– *La Ballade de la geôle de Reading* d'Oscar Wilde.

– Presque tout Péguy.

– Plusieurs poèmes d'Aragon.

– *La Couronne de plumes* d'Isaac Bashevis Singer.

– Un soir de la fin de l'été sur un bateau à voiles à travers le Dodécanèse, dans la baie de Fethiye ou au large de Castellorizo.

– Les calanques de Porto en Corse.

– Une descente à skis, au printemps, de la Maurienne vers l'Italie.

– La vue sur la Jungfrau, le Mönch, l'Eiger et le Schreckhorn des hauteurs autour de Berne.

– Plusieurs poèmes d'Apollinaire.

– La mort de ceux qu'on aime.

– Une nuit d'été sous les étoiles.

– La charité et l'amour pour les hommes de ceux qui ne croient pas en Dieu.

– Un enfant, soudain, n'importe où, dans la rue ou à la maison.

39

DIEU EST DANS LE TEMPS, dans la lumière, dans la marche des astres. Il est aussi dans le vent, et dans l'eau, dans la fleur qui s'ouvre, dans la chenille qui devient papillon, dans l'éléphant qui voit le jour, dans l'autruche qui sort de sa coquille, dans tout ce qui naît et qui change. Il est aussi dans ce qui meurt et dans ce qui disparaît, dans le soleil qui se couche, dans Troie livrée aux flammes, avec le marin emporté par la mer et avec le vieillard en train d'agoniser sur son lit d'hôpital. Tout ne se passe que par lui, grâce à lui et en lui – qui est toujours absent. La nature est l'œuvre de Dieu et Dieu, qui est si loin au-dessus de nous, se confond aussi avec elle. *Deus sive natura*, enseignait le bon Baruch de Spinoza qui, avec Descartes et Leibniz, entre Platon ou Lucrèce et Kant, Hegel, Heidegger, est un de ceux qui se sont interrogés avec le plus de profondeur sur l'univers et les hommes.

Dieu n'est pas seul à animer notre tout et à le faire fonctionner en son absence. Il y a quelqu'un d'autre et, cette fois, très présent, sans qui le monde n'aurait aucune existence – ou une existence si pauvre qu'il ne viendrait à l'idée de personne de s'en occuper ni même de l'évoquer : c'est l'homme. Sans Dieu, il n'y aurait pas d'histoire, mais ce sont les hommes qui font l'histoire.

Souvent anglais, parfois allemands, de grands esprits ont soutenu que le monde n'existe que parce que nous le percevons. Parce que nous le voyons, l'entendons, le sentons, l'éprouvons. Il y avait pourtant avant les hommes quelque chose que nous sommes en droit d'appeler un univers en formation : de l'énergie, un espace en expansion, un temps qui apprenait à couler, des particules, des ondes, des atomes, des molécules, des étoiles, des galaxies, un Soleil et une Terre avec de l'eau et avec des continents. Mais ce quelque chose n'existait presque pas. Il était pure attente.

La vie lui donne une histoire avec de l'imprévisible. La pensée lui donne un sens. Parce qu'il a quelqu'un en mesure de lui répondre, le monde s'éveille à l'être. La lumière se met à briller. Les couleurs se distinguent les unes des autres et forment un tableau éblouissant. Longtemps absents comme les couleurs, les sons commencent à se faire entendre. Une odeur enivrante sort enfin de la terre et de l'eau. Il n'y avait rien avant le monde. Le monde avant la vie n'est encore presque rien. Le monde avant la pensée est déjà quelque chose – mais vraiment pas grand-chose. Le monde ne devient ce qu'il est – c'est-à-dire tout pour nous – qu'avec l'arrivée de l'homme. Jusqu'à faire oublier Dieu par sa créature, son instrument et son héritier. Dieu a fait sortir le monde du néant pour que l'homme puisse le créer.

À la fameuse question de Leibniz que nous avons déjà rencontrée sur notre chemin : « Pourquoi y a-t-il quelque chose au lieu de rien ? », il y a une seule réponse possible : « Parce que Dieu a distingué le tout du rien. » Mais, à l'intérieur de cette réponse, il y a une autre réponse, incluse, subalterne et annexe : « Parce que Dieu a confié à l'homme le tout tiré du rien pour qu'il en fasse un monde où, grâce à l'espace et au temps, à la nécessité et au hasard, l'absence se change en présence et le mystère en raison. » Avec ses sens et sa pensée, l'homme crée une seconde fois le monde tiré par Dieu du néant infini et de l'éternité du rien.

40

LE MONDE N'EXISTERAIT PAS sans Dieu et il ne serait rien sans les hommes. Les hommes, nous le savons déjà, ne sont pas le but, ni le sommet, ni la fin dernière de la création. Mais ils en sont une étape obligée et les architectes associés. Il y a une matière, des choses, des formes, des couleurs et des sons, des objets en un mot, parce qu'il y a un sujet pour les voir ou les entendre, pour les sentir et pour les penser. On pourrait aller – et on est allé – jusqu'à se demander s'il y aurait des objets s'il n'y avait pas de sujet. Le monde n'est rien d'autre que la représentation que nous nous en faisons. Sans sujet, pas d'objets – ou des objets de pur néant.

Il est pourtant remarquable qu'en français au moins, et dans plusieurs autres langues, le mot *sujet*, qui exprime un tel pouvoir créateur à l'égard des objets, s'attache aussi aux créatures soumises, d'une façon ou d'une autre, à une autorité supérieure : le roi et ses sujets ; dix millions de sujets ; un mauvais sujet ; sujet à l'impôt, à des crises, à la colère. Pascal : « L'homme est sujet à la mort. » Mme de Sévigné : « Je vous plains d'être sujette à des humeurs noires. » Et Corneille : « Rome est sujette d'Albe. » Rien de plus haut que le sujet pensant qui donne formes, couleurs et vie aux objets autour de lui ; rien de plus misérable que le sujet dépendant, guetté par le hasard et la mort, assez proche d'une marionnette ballottée par les flots et déjà promise à l'oubli. Entre le monde sur lequel il règne et Dieu qui règne sur lui, l'homme est un sujet aux deux sens de ce mot : presque un roi d'un côté et presque un esclave de l'autre. Comme l'univers lui-même à ses premiers débuts, l'homme est un oxymore : tout, ou presque tout, dans ce monde dont il est responsable, qu'il développe et qu'il transforme, il n'est rien, ou presque rien, au regard de ce Dieu qui lui a confié l'univers.

41

DANS LES DERNIÈRES ANNÉES du XVIIe siècle était affiché dans l'église de Baltimore, petite ville anglaise établie depuis peu au fond de la baie de Chesapeake, dans le Maryland, le texte suivant que je dois – vivent les libraires, si menacés aujourd'hui ! – à l'obligeance de l'excellente librairie Le Bleuet à Banon, dans les Alpes-de-Haute-Provence.

Le nom de Dieu n'apparaît pas dans ces lignes anonymes, dépourvues de signature. Elles donnent, me semble-t-il, une image assez belle et assez haute de ce que peut être, aujourd'hui comme hier, une vie d'homme ou de femme dans ce monde plein de tumultes.

Allez tranquillement parmi le vacarme et la hâte
et souvenez-vous de la paix qui peut exister dans le silence.
Sans aliénation, vivez autant que possible
en bons termes avec toutes personnes.
Dites doucement mais clairement votre vérité.
Écoutez les autres, même les simples d'esprit et les ignorants :
ils ont eux aussi leur histoire.
Évitez les individus bruyants et agressifs :
ils sont une vexation pour l'esprit.
Ne vous comparez avec personne :
il y a toujours plus grands et plus petits que vous.
Jouissez de vos projets aussi bien que de vos accomplissements.
Ne soyez pas aveugle en ce qui concerne la vertu qui existe.
Soyez vous-même.
Surtout n'affectez pas l'amitié.
Non plus ne soyez cynique en amour car il est,
en face de tout désenchantement, aussi éternel que l'herbe.
Prenez avec bonté le conseil des années

en renonçant avec grâce à votre jeunesse.

Fortifiez-vous une puissance d'esprit

pour vous protéger en cas de malheur soudain.

Mais ne vous chagrinez pas avec vos chimères.

De nombreuses peurs naissent de la fatigue et de la solitude.

Au-delà d'une discipline saine, soyez doux avec vous-même.

Vous êtes un enfant de l'univers. Pas moins que les arbres et les étoiles.

Vous avez le droit d'être ici.

Et, qu'il vous soit clair ou non,

l'univers se déroule sans doute comme il le devait.

Quels que soient vos travaux et vos rêves, gardez,

dans le désarroi bruyant de la vie, la paix de votre cœur.

Avec toutes ses perfidies et ses rêves brisés, le monde est pourtant beau.

42

DIEU EST DANS LA NATURE sur le mode de l'absence, et il est hors de la nature sur le mode de la présence. Dieu est caché partout, mais il règne au-dessus de nous dans ce que notre ignorance appelle le vide, le néant et le rien. Avant que le monde fût monde et après la fin des temps, le rien et le tout étaient de toute éternité et seront à jamais une seule et même chose. Il n'y a pas de vide parce que, hors de l'espace et du temps, le vide est plein de Dieu. Et le néant n'existe pas parce qu'il se confond avec Dieu.

Puisque rien ne peut sortir de rien, comment l'univers peut-il sortir du néant ? La question agite les hommes depuis qu'ils sont capables de penser. Et ils ont inventé mille fables et d'innombrables subterfuges pour éviter l'invraisemblable vérité : Dieu tire le monde de rien, c'est-à-dire de lui-même. Dieu est le néant d'où surgit notre tout. Il n'existe pas au sens où existent les choses et les êtres plongés dans l'espace et le temps. Il est de toute éternité puisqu'il est à la fois le rien et le tout, l'être et le néant.

Il est impossible aux hommes de comprendre quoi que ce soit à ce rien qui échappe aux lois qui nous gouvernent. Et qui, pour nous autres – fantômes égarés dans l'orgueil et sur notre misérable planète perdue dans une banlieue lointaine de l'immense univers et contrainte, devinez donc par qui, de tourner pendant quelques milliards d'années avant de disparaître à jamais –, ne peut être, par définition, qu'une énigme insoluble.

Il nous est seulement permis de nous raccrocher, dans le délire de la raison et dans le désespoir, à cette folle espérance : Dieu n'existe pas, mais il est. Il n'est rien d'autre que rien – c'est-à-dire tout. Et il nous envoie, de très loin, ou plutôt d'ailleurs, des signes chiffrés et transparents : son Fils, des prophètes, des chefs-d'œuvre improbables et plus grands que les hommes, le temps, la lumière, une beauté déchirante, la vérité, poursuivie d'âge en âge avec obstination et pourtant hors d'atteinte, une justice toujours boiteuse, la fin de tout sans exception et notre mort à tous qui n'aurait pas le moindre sens si la gloire de Dieu – avant même de régner sur notre tout à nous qui n'est qu'une parenthèse, un rêve, une illusion toute-puissante – ne régnait pas aussi et déjà sur ce tout primordial dont l'autre nom est ce rien où nous retournerons et que, dans notre folie, nous appelons le néant.

GUIDE DES ÉGARÉS

Mode d'emploi

Le titre de ce manuel de savoir-vivre à l'usage de ceux qui s'interrogent sur les mystères du monde, je l'ai emprunté à Maimonide, philosophe et médecin juif né à Cordoue, alors musulmane, au temps de Philippe Auguste, de saint François d'Assise, de l'empereur Frédéric II et de Saladin, il y a un peu moins de mille ans.

Aujourd'hui comme hier, nous sommes tous des égarés. Nous ne savons toujours pas ce que nous voudrions tant savoir : pourquoi nous sommes nés et ce que nous devenons après la mort. Derrière les accidents de notre vie de chaque jour qui suffisent à nous occuper, les motifs et le sens de notre passage sur cette planète que nous appelons la Terre nous restent très obscurs.

Les pages qui suivent constituent un essai de réponse à la question : « Qu'est-ce que je fais là ? »

L'ÉTONNEMENT

Je suis là. J'existe. Vous êtes là. Vous existez. Nous sommes là. Nous existons. Ne chipotons pas. C'est un étonnement. C'est une stupeur. Mais c'est comme ça. Nous participons tous ensemble, sans avoir rien demandé, à une évidence fragile, lumineuse et confuse à laquelle nous tenons plus qu'à tout en dépit du mal qu'il nous arrive d'en dire : la vie.

Autant que nous sachions et au moins jusqu'à aujourd'hui, cette vie, qui est notre bien le plus précieux, se déroule sur une planète privilégiée et banale, fraction minuscule et franchement risible de l'immense univers.

La disparition

Sur cette Terre où nous vivons, tout se hâte de disparaître. C'est la règle. Personne n'y peut rien. Le temps s'en va, les années s'en vont, la vie s'en va, et nous nous en allons. Rien ne dure. Tout passe. Sans la moindre exception. Nos bonheurs, nos chagrins, nos habitudes, nos croyances, nos langues, nos civilisations. Notre Terre n'est qu'une longue ruine, et elle passera tout entière. Et aussi notre Soleil et notre Galaxie.

Et l'univers ? Longtemps, les hommes ont cru que l'univers était éternel. Mais vers le début du siècle dernier, par le calcul et l'observation, plus près de la Genèse que de la plupart des philosophes, la science a découvert qu'à la façon de la vie l'univers aussi avait une histoire. Il a eu un début et il aura une fin. Il passera comme les hommes.

L'ANGOISSE

À LA QUESTION : « Qu'y a-t-il après notre mort ? » comme à la question : « Qu'y avait-il avant le début de l'univers et qu'y aura-t-il après sa fin ? » plusieurs réponses s'opposent et aucune ne s'impose.

La première : il n'y a rien.

La deuxième : il y a autre chose – par exemple une infinité d'histoires, d'univers et d'esprits.

La troisième : il y a Dieu.

Et ces trois réponses, qui nous divisent si fort, ne sont peut-être pas incompatibles. Vous pouvez soutenir par exemple que, radicalement différent de tout ce qu'il nous est permis d'imaginer ou de concevoir, Dieu tire le monde de rien – c'est-à-dire de lui-même où le tout et le rien sont à jamais confondus.

Entre le début et la fin, sur la nature, les hommes, la marche des événements, nous savons presque tout – et en tout cas de plus en plus. Avant le début et après la fin, c'est une autre histoire. Nous ne savons rien. Nous ne pouvons rien savoir.

Un vide. Une angoisse. On dirait un secret.

Le secret

Enfermés dans le temps, dans l'histoire, dans notre vie, dans le monde, nous avons le droit d'imaginer, avec incertitude et dans le vague, ce qu'il y avait avant et ce qu'il y aura après. Nous ne pouvons rien en dire d'incontestable ni de définitif. À nous, les égarés, l'univers, le temps, l'histoire, le sens de notre vie apparaissent comme un secret.

Tout secret suppose une vérité retenue et cachée. Successeur d'une multitude de forces magiques, puis d'une flopée de déesses et de dieux à la généalogie compliquée. Dieu a longtemps été le détenteur et le garant de cette vérité dissimulée. Mais beaucoup, depuis un siècle ou deux – et même avant, en moins grand nombre –, se demandent s'il existe. Beaucoup assurent que non. Voir un secret dans l'univers serait préjuger Dieu.

L'ÉNIGME

Est-il alors permis de parler d'une énigme ? Mais, par définition, toute énigme a sa solution. Peut-être n'y a-t-il pas de solution au problème posé par l'univers et par notre destin ? Il n'est pas impossible que le monde soit absurde, que tant de bien et tant de mal, tant de souffrances, tant de bonheurs, tant de beauté et d'amour tombent à jamais dans le néant et l'oubli et que la vie, qui nous est si chère, n'ait pas le moindre sens.

LE MYSTÈRE

Plutôt qu'un secret ou une énigme, l'univers est un mystère et notre vie est un mystère. Et il nous est interdit de percer ce mystère.

Que faire ? Peut-être vaudrait-il mieux en prendre notre parti ? À quoi bon nous débattre ? Renonçons à connaître ce qu'il nous est impossible de connaître. Fermons les yeux. Profitons d'une existence qui est une sorte de miracle. Soyons heureux.

Une voix venue nul ne sait d'où et qui ne se lasserait jamais nous souffle pourtant en silence que ce n'est pas tout d'être heureux. Nous ne sommes pas là pour rigoler. Ou pas seulement pour rigoler.

Mais alors pour quoi ? Seulement pour passer le temps ? Seulement pour nous ruer, pieds et poings liés, dans les charmes puissants et amers de ce

« divertissement » dénoncé par Pascal ? Seulement, dans le meilleur des cas, pour essayer de grappiller des bribes du peu toujours changeant et déjà dépassé qu'il nous est permis de savoir ?

LES NOMBRES

COMMENT JETER UN PEU de lumière sur le mystère dont nous sommes prisonniers ? Sur quoi compter pour résoudre les problèmes qu'il nous pose ? *Compter, problèmes, résoudre*. La réponse est dans la question : sur les nombres.

Dans ce monde éphémère où règnent le changement et la précarité, les nombres semblent apporter une sorte de nécessité et presque d'éternité. Tout passe. Rien ne dure. Mais, dans un triangle, le carré de l'hypoténuse est égal, a toujours été égal et sera toujours égal à la somme des carrés des deux autres côtés. Et les trois angles du triangle valent à jamais deux droits. Du coup, de grands esprits ont pu soutenir que les nombres étaient antérieurs à la pensée des hommes et même à la Création :

« *Dum Deus calculat fit mundus.*
Dieu calcule et le monde se fait. »

Qui peut croire pourtant qu'il y ait des nombres hors de l'espace et du temps ? Avant l'explosion primordiale d'où sort notre univers, avant le mur de Planck qui le protège de notre curiosité comme dans l'éternité où chacun de nous sera plongé après sa mort, il n'y a ni formes ni couleurs, ni grand ni petit, ni long ni court, ni haut ni bas. Il n'y a rien. Ou du moins rien que nous puissions connaître. Il n'y a pas de nombres.

Les nombres – comme tout le reste – ne prennent un sens qu'avec les hommes, chez les hommes, grâce aux hommes. La Terre est minuscule, mais les hommes sont puissants. Les nombres leur permettent d'explorer et de comprendre le monde. Il n'y a pas de formule de l'univers, mais, s'il y en avait une, elle serait mathématique.

Les nombres ne servent pas seulement à calculer. Sous les espèces de la quantité, ils permettent de distinguer et d'unir. Ils sont le socle, le ciment et peut-être le sens de tout – et du Tout.

Avant et après notre monde, il ne suffit pas de dire que toutes les vaches sont noires : il n'y a pas de vaches du tout. Pas question de les compter. Dans le rien, tout est confondu. Dans le monde où nous vivons, en revanche, il n'y a pas seulement des vaches, mais des objets, des individus, des idées, des sentiments distincts les uns des autres et que nous séparons ou rassemblons grâce aux nombres. Il y a un Soleil, nous avons deux yeux, la plupart des trèfles ont trois feuilles, l'année compte quatre saisons, nous avons cinq doigts à chaque main. Le monde n'est que rencontres et combinaisons.

Surgissant d'un rien qui ne se distinguait pas du tout, notre tout à nous, immense mais limité, durable mais passager, aurait pu prendre les visages les plus divers et les plus invraisemblables. Livré aux nombres qui règnent sur lui, il est une collection dans l'espace et une succession dans le temps.

La science

Appuyée sur les nombres qui constituent à la fois la matière de ses investigations et son instrument de travail, la science, sous des noms divers, déchiffre l'univers dans l'espace et le temps. Elle monte très haut dans l'infiniment grand, elle descend très bas dans l'infiniment petit. Entre ces deux extrêmes, qui se répondent l'un à l'autre, elle explore ce que nous appelons le monde réel – c'est-à-dire le nôtre. Presque tout ce que nous savons de l'univers et de nous – presque tout, mais pas tout – vient des nombres et de la science.

Grâce aux nombres, la science contribue à construire un avenir qui n'existe pas encore et elle remonte dans un passé évanoui qu'elle reconstitue jusqu'à le recréer. Au bout de ce long chemin dans un passé qui n'est pas mort et qui n'est même pas passé puisqu'il revit sous nos yeux, ou plutôt dans nos cerveaux, elle tombe sur l'origine d'une réalité très concrète, qui nous est familière et qui n'a pas toujours existé : l'espace.

L'espace

L'ORIGINE DE L'ESPACE où se déploie l'univers a quelque chose de fabuleux. Elle a toujours agité l'esprit inquiet des hommes. Des innombrables populations primitives à la Mésopotamie et à l'Inde, de l'Égypte des pharaons à la Grèce d'avant Socrate et à la Rome des rois, de la République et des Césars, les généalogies les plus folles ont tenté de fournir une image des débuts de l'univers. Ce ne sont que potiers, déluges, incestes entre divinités, entassements de tortues, crimes de toute espèce, anges, démons, prodiges, fleurs de lotus, délires. Il faut bien reconnaître qu'en matière d'invraisemblance et de romanesque historique aucune imagination n'arrive à la cheville de ce que la science nous apprend. Sous la forme d'un point des millions de fois plus minuscule qu'un grain de sable ou un atome, l'espace surgit du néant ou d'autre chose, on ne sait pas, à la faveur d'une explosion. Et pour plus de sûreté, pour bien boucler l'affaire, pour l'enfermer à double tour et la soustraire à la curiosité de la science au nom de la science même, une barrière infranchissable en interdit l'accès.

Dès sa naissance aussi peu vraisemblable que celle des dieux de l'Olympe, de l'Euphrate ou du Nil, l'espace ne cesse de croître et de se développer. Nous connaissons son passé. Nous ignorons son avenir parce que nous ne savons pas si son expansion se poursuivra jusqu'au bout ou finira par s'inverser. Ce qui est sûr en tout cas, c'est que l'univers qu'il contient et avec lequel il se confond disparaîtra sans recours, soit dans un froid extrême soit dans une fournaise – et plutôt, semble-t-il, dans les glaces. L'espace a eu un début et, tonnerre et damnation, lui aussi aura une fin.

En attendant cet heureux événement, qui mettra enfin un terme à nos tourments et à nos questions, l'espace abrite tout ce qui existe. Tout ? Pas si sûr. Il semble bien que la pensée, les passions, les sentiments, l'amour, tout ce qui passe pour le propre de l'homme et qui naît dans l'espace, échappe pourtant à l'espace. Tout le reste, et le cerveau lui-même, siège de toute pensée et de toute représentation du monde et de nous-mêmes, appartient à l'espace sous le nom de « matière ».

La matière

La matière, c'est presque tout. C'est les choses. Les choses que nous pouvons voir et toucher, peut-être écouter et sentir. Les choses qui nous résistent. Les choses qui sont solides. Enfin… plus ou moins solides. Il y a une foule de choses que nous ne pouvons ni voir ni toucher et qui sont pourtant de la matière. Des milliards d'étoiles lointaines et de particules minuscules échappent à notre regard. Elles existent pourtant et, en groupe ou séparément, elles portent des noms poétiques qui invitent à la rêverie : d'un côté, Andromède ou Bételgeuse ; de l'autre, quarks, wings, neutrinos qui défient toute logique et dont la masse, réduite à presque rien, ou à rien, se joue de tous les obstacles et traverse le marbre, l'acier ou le béton.

L'infiniment grand et l'infiniment petit encadrent des variétés inépuisables de matière. Au-delà ou en deçà, il y a une « matière noire » et une « énergie noire » dont nous ne savons presque rien – sauf qu'elles constituent, de très loin, l'essentiel de notre univers. Toute une immense partie du monde, et même de cette matière qui est la réalité même – ou ce que nous appelons la réalité –, nous demeure inconnue.

L'AIR

L'AIR EST UN DES AVATARS les plus subtils de la matière. Tellement subtil qu'il semble se complaire dans une espèce de modestie assez proche de l'absence. Nous ne le voyons pas. Sauf quand il se lève en tempête sur les injonctions d'un romantisme en transes et de Chateaubriand, nous ne l'entendons pas. Nous ne pouvons pas le toucher. On dirait qu'il n'existe pas. Mais nous le respirons.

Pour une raison ou pour une autre, habitude, hasard, nécessité mystérieuse ou volonté venue d'en haut, obligation nous est faite de l'inhaler sans cesse avant de l'exhaler. Le plus clair – ou le plus obscur – de notre temps, nous le passons à inspirer de l'air et à l'expirer. Nous pouvons vivre – plus ou moins bien – sans livres, sans rêves, sans idées, sans amour.

Nous ne pouvons pas nous passer de l'air que nous respirons et que nous ne voyons pas. Il n'y a pas de vie sans air. Lorsque notre fin arrive, nous rendons le dernier soupir et nous expirons à jamais.

Plus que le cheval, le chien, le chat, plus que l'être que nous aimons, l'air est notre compagnon le plus fidèle. Il nous colle au corps. Il ne nous quitte jamais. Il n'est pas impossible de faire le vide. Alors tout disparaît – et l'air comme tout le reste. Et quand l'air se retire, la vie se retire aussi. Dans le vide, il y a encore de l'espace, mais il n'y a plus de vie. Nul ne peut vivre dans le vide. Des liens étroits se sont tissés depuis longtemps entre l'air et la vie.

L'EAU

PLUS FAMILIÈRE ET PLUS PRÉSENTE que l'air toujours absent, l'eau est aussi plus étrange et plus paradoxale. Elle n'a ni forme ni couleur, mais nous pouvons la voir. Elle n'émet aucun son, mais nous écoutons volontiers sa musique et ses plaintes. Nous pénétrons parfois dans son invraisemblable texture, mais le plus souvent c'est elle qui nous pénètre pour s'installer chez nous où elle règne en maîtresse. À sa forme si instable et secrète jusqu'au miracle nous donnons le nom de « liquide ».

Matière inconstante et fugace, sans la moindre solidité, n'offrant aucune résistance, l'eau est pourtant très capable, dans sa colère, de détruire et de tuer. Elle est la source et la condition de toute vie et, comme l'air, et plus que l'air, elle est une meurtrière impatiente de frapper et de semer la mort.

Assassin en puissance, l'eau est aussi une séductrice, toujours prête à sourire et à jouer avec nous. Elle entretient avec les humains les liens les plus étroits et les plus affectueux. Je l'ai beaucoup aimée. Et, dans le triomphe de l'été, j'ai chanté bien souvent sa grandeur et ses charmes.

Elle règne sur la géographie, sur l'histoire, sur l'anthropologie, sur la biologie. Elle tombe du ciel. Elle jaillit de la terre. Elle couvre la majeure partie de notre petite planète dont elle assure la vie, la puissance et la gloire.

Les continents, les ports, les plaines qu'elle traverse et arrose, le commerce, la santé doivent beaucoup à ses pouvoirs. Sous les noms d'océans, de mers, de golfes, de baies, de criques, de fleuves et de rivières, de torrents, de cascades, de ruisseaux et de lacs, elle a forgé ce que nous sommes avant de proférer contre nos navires, nos côtes, nos moissons, nos maisons du bord de l'eau les menaces les plus redoutables.

Les hommes n'ont jamais cessé de se jeter vers elle en poussant des cris de joie qui sont passés dans l'histoire et que répètent encore les enfants qui jouent avec le sable. Ils n'ont jamais cessé non plus de la craindre, autant que les dragons, les Peuples de la Mer, les Turcs, ou cette peste à qui elle a longtemps servi d'instrument et de transport.

Des villes entières, des États, des cultures, des civilisations lui ont dû presque tout. Elle est à l'origine de métiers innombrables, de grandes passions, de petits plaisirs, de chefs-d'œuvre immortels. Elle a inspiré les marins, les poètes, les peintres, les amants, les historiens, les assureurs, les têtes brûlées, les aventuriers. Elle a été et sera à la source de beaucoup de rêves, de conquêtes et de guerres. Elle se confond avec le monde et avec notre vie dont elle a permis la naissance et le développement.

L'eau! L'eau est une déesse autrement puissante que les empereurs et les rois qui lui doivent leur fortune; que toutes les civilisations qui, du Tigre et de l'Euphrate au Danube et au Nil, et de la Méditerranée, notre mer intérieure, au terrifiant océan, se sont construites autour de ses pouvoirs;

et même que l'ensemble des hommes qui n'existent que par elle, avec elle et grâce à elle.

La lumière

Montons encore un peu, pauvres et chers égarés, vers quelque chose de beaucoup mieux, de plus grand, de plus beau que cette eau et cet air pourtant déjà si séduisants. Dans cette ascension vers un inconnu peut-être inconnaissable, il y a d'abord la lumière.

La lumière est faite de corpuscules et d'ondes qui vont très vite – et même plus vite que tout. Dans sa complication d'une parfaite simplicité, c'est une curieuse mécanique qui est unie au temps par des liens très étroits.

La rumeur, qui aurait rempli de stupeur Aristote ou Descartes, s'est peu à peu répandue : la lumière fait en une seconde sept fois le tour de la Terre. Il lui suffit d'une seconde pour arriver de la Lune. Et elle met huit minutes pour nous parvenir du Soleil, notre père à tous, qui est beaucoup plus loin. Nous commençons à le savoir, et rien ne nous semble plus évident : parce qu'il lui faut du temps pour parcourir le chemin qui va de sa source à son but – très peu de temps, bien sûr, mais un peu de temps tout de même, et de plus en plus de temps à mesure que la distance augmente –, nous voyons des étoiles qui sont mortes depuis longtemps. La lumière transporte du passé.

Elle nous donne surtout du présent. Tout le présent. Tout ce monde réel que j'ai regardé avec passion. Nous ne voyons les arbres, la mer, les îles du Dodécanèse, les astres dans le ciel, les champs de lavande au printemps, les objets de chaque jour, le visage des êtres aimés que parce que la lumière nous les offre. L'air nous a étonnés. L'eau nous a émerveillés. La lumière, pour nous tous, est un enchantement. Et, pour beaucoup, un don de Dieu et la marque de sa présence – ou de son absence : le propre de Dieu est de confondre en lui la présence et l'absence.

La lumière n'est peut-être rien d'autre que le premier et le plus simple de nos bonheurs. Vivre, c'est découvrir la lumière du matin. Avec la ferme confiance, qui n'a même pas besoin de s'exprimer, de la voir encore se lever sous nos yeux dans les jours qui vont venir. Oh ! nous savons désormais, à la différence des Anciens, que l'histoire, le temps, l'univers finiront par finir. Nous savons aussi, bien sûr, que nous mourrons un jour ou l'autre – et peut-être ce soir même. Mais cette conviction ne nous empêche pas d'agir, de lire, de faire la guerre ou l'amour, de vivre – et même d'être gais et heureux. Oui, nous croyons à la fin du Soleil, de la matière et du monde. Mais, en société et au-delà de la société, nous sommes entourés et pénétrés d'une confiance dont la lumière est le symbole. Comme le Soleil lui-même, la lumière que nous lui devons et qui nous éclaire et nous réchauffe est un trésor pour longtemps. Chacun de nous a le droit, et peut-être le devoir, de douter que, comme sa propre mort, la fin, inéluctable et peut-être imminente, du monde et de sa lumière soit pour demain matin.

Plus encore que l'eau, qui m'a été si chère, j'ai aimé la lumière. Non seulement les couleurs qui sont son ornement et son luxe comme le style est l'ornement et le luxe du langage. Mais cette simple lumière qui nous vient du Soleil et qui fait vivre le monde. Il m'a toujours semblé que la lumière était quelque chose de comparable à la pensée ou à ce que nous appelons l'esprit : un don de la matière mais qui s'élève comme par miracle, dans la stupeur et l'émotion, à la dignité souveraine de la grandeur et de la beauté.

L'eau, l'air, la lumière. Profitez de ces délices passagères et durables, misérables égarés. Car elles vous seront arrachées – et, seconde après seconde, et jour après jour, elles vous le sont déjà – par notre maître à tous, le monstre tout-puissant, l'incarnation de la souffrance et du mal : le temps.

Le temps

Le temps m'a toujours fasciné. De *La Gloire de l'Empire* et d'*Au plaisir de Dieu* à l'*Histoire du Juif errant* et à *La Douane de mer*, de *C'est une chose étrange à la fin que le monde* à *Comme un chant d'espérance*, j'ai écrit quelques livres. Tous, sans exception, tournent autour du temps. Rien de très surprenant. Dans le monde où nous vivons, tout tourne autour du temps.

Le temps, qui nous est si familier, qui rythme notre existence sans avoir l'air d'y toucher et que les puissants organisent à leur gré en utilisant et en bouleversant les innombrables calendriers successifs – les calendriers solaires, les calendriers lunaires, Jules César et le calendrier julien, Grégoire XIII et le calendrier grégorien, la Convention nationale et le calendrier républicain, pour ne rien dire du découpage en secondes, en minutes, en heures, en semaines, en siècles et en millénaires, du choix des fêtes d'obligation, de la fixation de la date des vacances ni des allers-retours des heures d'hiver et d'été –, est un système d'une complication infernale. Il n'est composé ni d'ondes ni de particules. Il n'est pas soumis à l'évolution. Il n'est pas l'œuvre des hommes. On se demande d'où il sort. Nous ne savons pas. De quel chaudron magique ? De quels abîmes métaphysiques ? Nous l'ignorons. Nous savons tout, ou presque tout, de la matière, de l'air, de l'eau, de la lumière, des lois immuables qui gouvernent l'univers avec une rigueur surprenante, et même de la pensée. Nous ne savons rien de ce temps dont le mystère effrayant finit par nous sembler d'une évidente simplicité et comme allant de soi.

Tout ce que nous pouvons en dire, c'est qu'il y a un avenir caché quelque part – mais où ? – et dont la seule ambition est de se changer au plus vite en un passé logé dans notre cerveau – et uniquement dans notre cerveau. Cette précipitation immobile transite le plus brièvement possible par un état paradoxal qui en est le but et le cœur et que nous appelons le présent.

Le présent perpétuel du monde où nous vivons a deux propriétés surprenantes et contradictoires : il est absolu, totalitaire, universel, au point que nous pouvons affirmer qu'il n'y a jamais rien d'autre que cette éternité provisoire et hâtive puisque tout, dans la vie et dans le monde, ne se situe jamais qu'au présent ; et il est inconstant jusqu'à l'inexistence, puisqu'un avenir encore inconnu ne se change soudain en présent que pour se changer aussitôt et à l'instant même en un passé déjà évanoui. Le propre du présent perpétuel est d'être toujours absent.

Cette épopée métaphysique qui ne s'arrête jamais et emporte tout sur son passage m'a longtemps rendu presque fou. Je voyais dans le temps comme une sombre puissance qui se déroulait à la façon de l'espace et qui se combinait avec lui. Il y avait l'espace, domaine de la coexistence, et il y avait le temps, domaine de la succession. Règles immuables de l'univers ou cadres nécessaires de notre pensée – et peut-être les deux à la fois –, l'espace et le temps constituaient la structure de toute vie et de toute réalité. Et, pour faire bonne mesure, j'imaginais que l'espace et le temps sortaient l'un et l'autre, à la façon de deux fleuves ou de deux marées gigantesques, de l'explosion primitive et tombaient en cascades des hauteurs du big bang pour quadriller l'univers.

Cette conception courante du temps, héritée sans doute de saint Augustin, je la partageais avec beaucoup. Et puis les interrogations se sont multipliées. La physique mathématique en venait de plus en plus souvent à se passer du temps dans ses calculs. Il devenait difficile de concevoir un temps sur le modèle de l'espace – une sorte d'espace mis en mouvement. L'origine de l'espace avait quelque chose de fantastique et de hautement paradoxal, mais enfin il était possible d'imaginer l'expansion accélérée d'un espace surgi d'une explosion. Il était impossible de se faire une idée, même floue, d'un flot ou d'un flux temporel qui coulerait de lui-même, indépendamment de l'univers qu'il emportait avec lui. Il était possible de concevoir un espace vide, il était impossible de concevoir un temps vide. Ce n'était pas le monde qui était dans le temps, mais le temps qui était dans le monde.

Le temps existe, bien sûr, puisque nous vieillissons et mourons, puisque tout passe et s'en va. Mais il n'a pas, comme l'espace, une réalité par lui-même. Il n'est pas un fleuve où nous nous plongerions. Mystère profond, il est attaché à la matière et à la vie. *Memento mori* perpétuel et tout-puissant, il est, sur toutes les formes les plus diverses de la réalité et de l'existence, sur toutes leurs facettes et tous leurs fragments les plus infimes, la marque indélébile d'un élan vers la mort et la disparition.

De ce temps si peu vraisemblable où le présent est toujours absent et qui n'est pas un torrent descendu on ne sait d'où mais le rappel perpétuel du dur destin de ces vivants qui sont des morts en sursis, les poètes, comme d'habitude, ont dit d'avance tout l'essentiel.

Boileau, souvent cité par Borges qui l'admirait :

Le moment où je parle est déjà loin de moi.

Et Ronsard, notre maître à tous :

Le temps s'en va, le temps s'en va, ma dame.
Las! le temps non, mais nous nous en allons.

La pensée

Y a-t-il mieux, plus foudroyant, plus explosif encore que la lumière et le temps ? Oui. La pensée. Le lent mûrissement de la pensée chez un nombre restreint de primates qui ont tiré le gros lot et qui, de génération en génération, deviendront peu à peu le fameux genre humain est le phénomène le plus stupéfiant de la longue histoire de l'univers. Presque aussi sidérant, oui, aussi sidérant que l'explosion primordiale. Quel sens auraient pris les formes, les couleurs, la lumière, le temps, si la pensée n'était pas apparue ? Aucun. Il est permis de soutenir que seule la pensée donne au monde son existence.

La pensée, nul ne l'ignore, est le propre de l'homme. Des poètes, des moralistes, des écrivains ont eu beau soutenir que le rire, la parole, l'idée de

Dieu, la capacité de faire des projets dans l'avenir ou de se souvenir du passé, la vie en société, la politique, l'art et bien d'autres délicatesses étaient le propre de l'homme, les philosophes, de Platon, d'Aristote, de saint Augustin, d'Averroès à Montaigne et à Pascal, de Descartes et de Spinoza à Kant, à Hegel et au-delà, ne se sont occupés que de cette pensée des hommes autour de laquelle s'organise l'univers.

Beaucoup d'êtres vivants font preuve de comportements souvent proches de la pensée. Les fourmis ou les abeilles disposent, sous forme de signes ou de danse, d'un langage de mieux en mieux étudié. Konrad Lorenz a fréquenté des oies sauvages dont la compagnie devait être très plaisante. Nous connaissons tous des chevaux capables de compter et de s'attacher à leurs maîtres, des chiens ou des chats qui sont des amis plus attentifs et plus fidèles que bien des êtres humains. Nous entretenons volontiers des liens assez étroits avec des singes ou des dauphins. Un grand nombre d'oiseaux prennent plaisir à imiter notre langage. Et la mémoire des éléphants, pachydermes très estimables, semble digne d'attention : André Malraux assure qu'il en a connu plusieurs qui se souvenaient de leurs existences antérieures. Il reste que l'imagination poétique, le goût des arts, la musique, le théâtre, la poésie, la prière, la métaphysique, les mathématiques, l'histoire, l'éloquence, l'économie politique sont le propre de cet homme qu'une des formules les plus célèbres de la philosophie dépeint en train de tirer de sa pensée la seule certitude de son existence.

Parler de la pensée qui crée une seconde fois un univers dont elle devient le gérant et le maître est évidemment plus ardu que de parler de l'air, de l'eau, de la lumière bien-aimée ou même du temps, si diaboliquement compliqué, mystérieux et secret. Penser la pensée est la tâche, non pas d'une science exacte, mais d'un art difficile, flanqué d'un vocabulaire technique et de règles précises et vagues : la philosophie. Disons-le sans ambages : le manuel que vous êtes en train de lire est tout sauf un traité de philosophie. Il n'en présente ni la rigueur, ni le savoir, ni la sévérité un peu triste. Il n'a pas d'autre ambition que de décrire avec audace, avec naïveté, avec gaieté ce monde peu vraisemblable où nous avons été jetés malgré nous et de fournir vaille que vaille quelques brèves indications sur les moyens d'en tirer à la fois un peu de plaisir et, s'il se peut, de hauteur.

Le plus frappant dans la pensée, ce sont ses rapports avec la matière. Longtemps, de Platon à Spinoza en passant par Descartes, le monde des idées et de la pensée a été opposé au monde de l'espace où se déploie la matière. Nous savons désormais que, contrairement à ce qu'enseignaient un Plotin ou un Averroès, les idées, l'intelligence, la pensée ne flottent pas au-dessus de nous dans une sorte de paradis céleste où elles vivraient de leur vie autonome et, mieux encore, éternelle. Les êtres humains pensent avec leur cerveau. C'est notre corps qui pense. La pensée sort de la matière comme l'histoire sort du big bang. Elle est soumise au temps puisqu'elle surgit de la matière. Elle est changeante, passagère et mortelle comme les hommes et leur histoire.

La matière produit de l'esprit, personne ne le contestera. Mais l'invraisemblable ne s'arrête pas là. Le plus troublant est que les cerveaux convergent, s'ouvrent sur le même monde et procurent à chacun

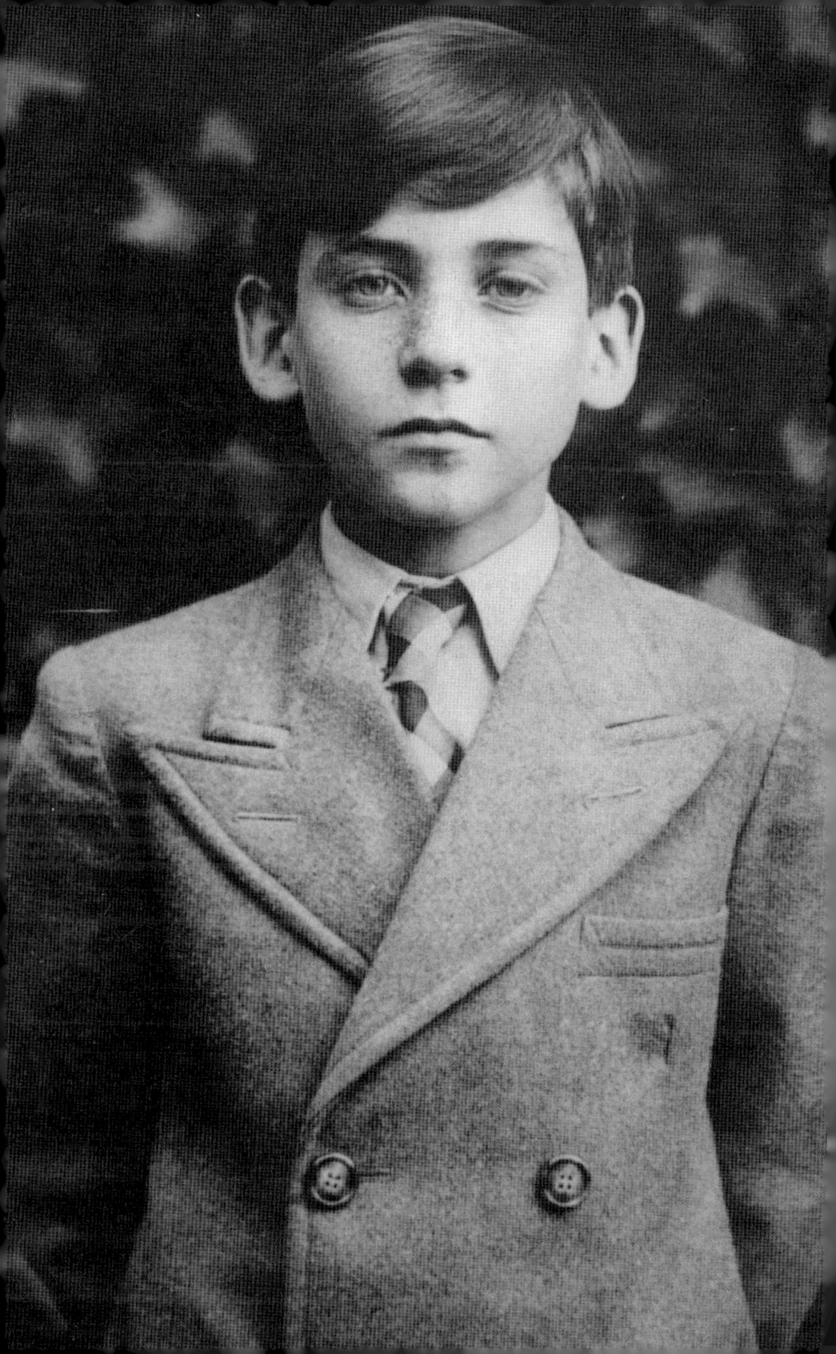

PAGE PRÉCÉDENTE À 12 ans. EN HAUT À GAUCHE À 5 ans. À DROITE Avec son frère Henry, 1936. CI-DESSUS Avec ses parents, André et Marie, et son frère, Bucarest, 1935.

EN HAUT Héloïse, Jean et Françoise d'Ormesson, Suisse, 1998.
CI-DESSUS Avec sa petite-fille, Marie-Sarah, Venise, 1996.

PAGE DE GAUCHE DE HAUT EN BAS © Francis Latreille/BHVP/Roger-Viollet ; Walter Carone ; Michel Dufour/Getty Images
PAGE DE DROITE © Jean-Marie Périer/Photo12.

PAGE DE GAUCHE EN HAUT Réception de Marguerite Yourcenar sous la Coupole, 1981. AU MILIEU Avec Maurice Genevoix à l'Institut de France, 1977. EN BAS Avec Simone Veil, 2009. CI-DESSOUS En 1998.

CI-DESSOUS Avec Maurice Rheims, 1978 ❶ ; avec Alphonse Boudard, François Nourissier et Bernard Pivot, 1984 ❷ ; avec Hélène Carrère d'Encausse, 2008 ❸ ; avec Bertrand Poirot-Delpech et Jean-François Deniau, 1992 ❹ ; avec Michel Mohrt et François Sureau, 1989 ❺ ; avec Marc Fumaroli, au Sénat, 1996 ❻ ; avec Dany Laferrière, 2015 ❼ ; avec Jean-Marie Rouart, 2016 ❽.

①

②

③

④

⑤

⑥

⑦

⑧

CI-DESSUS À son bureau, 2003 [EN HAUT], à Venise, 1998 [EN BAS] et en Corse [PAGE SUIVANTE].

d'entre nous des sensations, des sentiments, des raisonnements différents, le plus souvent opposés, mais qui, coïncidant comme par miracle entre eux, permettent aux hommes non seulement de diverger, de se combattre et même de se massacrer, mais aussi et surtout de s'entendre et de se comprendre.

La pensée est un mystère plus profond que le temps et aussi effrayant que l'explosion primitive ou l'origine de la vie. Que ce qui se passe de physique, de chimique et de mathématique dans un cerveau placé au sommet de notre corps fasse naître de la matière un monde entier, identique, ou apparemment identique, pour tous les êtres pensants est un prodige ahurissant – et pourtant répandu jusqu'à l'évidence et à la banalité.

Un prodige ahurissant ? Peut-être pas tant que ça. Chacun de nous sort d'un mécanisme physique qui repose sur l'union de deux corps matériels et monte vers la liberté. La vie sort de molécules et de bactéries étrangères à tout esprit et monte – au moins de loin – vers le savoir, l'art, la beauté, la vérité. Le talent, le génie, l'imagination, la bonté sortent d'ovules et de sperme. Et l'univers lui-même sort d'une explosion matérielle avant de monter vers le temps, vers l'histoire, vers la mort au bout du rouleau – et, paradoxe suprême, vers la pensée et l'amour qui unissent la matière et l'esprit. Tout sort de la matière et tout monte vers l'esprit. Comme le monde lui-même, la pensée est une incarnation.

Le mal

Le mal est lié si étroitement à la pensée qu'il se confond avec elle. Pendant les milliards d'années où la pensée n'existe pas encore, le mal n'existe pas non plus. L'expansion de l'espace, l'apparition des astres dans le ciel, la mise en place de notre Soleil, tout l'opéra fabuleux de l'univers – ou, si vous préférez, tout ce cirque à peine croyable – se poursuit en silence sans que le mal parvienne jamais à trouver la moindre faille où se glisser. Il faut attendre l'homme et sa pensée pour que surgisse au coeur des tumultes du monde ce spectre sombre et puissant que nous faisons profession de combattre et que nous servons trop souvent.

Après les millions de millénaires où l'univers se construit et avant le mal, fruit amer de la pensée, il y a quelque chose qui trouble déjà la sérénité de l'édifice et qui est inséparable de la vie : la souffrance. Parce qu'elles sont, elles aussi, soumises au temps, la matière, les étoiles, les ondes, les particules, les pierres – comme, plus tard, l'histoire et les hommes – se précipitent vers la ruine et le néant, mais avec ingénuité, en aveugle, encore en toute innocence. La souffrance, qui est le prix à payer pour la vie, introduit dans le monde l'inquiétude et l'effroi.

Le monde cesse alors d'être un grand fleuve muet, tranquille dans ses bouleversements, sans rien à craindre ni à se reprocher. Des fêlures et des craquements se produisent. En silence d'abord. Puis avec de plus en plus de violence et de cruauté. Les bactéries disparaissent. Les algues pourrissent. Les arbres, les plantes, les fleurs passent leur temps à mourir. Les tigres et les lions font souffrir les gazelles qu'ils déchiquettent à belles dents. La peur se répand. Des cris de douleur retentissent. Il ne viendrait pourtant à l'esprit de personne de soupçonner où que ce soit le moindre mal, actif ou passif. Le mal est une trouvaille de génie qui n'appartient qu'aux hommes. Il est une invention et un prolongement de la pensée.

À peine le mal apparaît-il, grâce aux hommes, sur la scène de ce monde qu'il y occupe une place démesurée jusqu'à la monstruosité. On dirait qu'il ne cesse jamais de trouver de nouvelles formes et de nouveaux subterfuges pour étendre son empire. Sous le masque hideux du mal, il est facile de reconnaître tout le génie de ces hommes à qui rien n'est impossible. Ni le meilleur ni le pire. Le mal est intelligent, inventif, souvent subtil. Familier du talent, il touche parfois au génie. Au point que le monde, si longtemps innocent, a pu passer très vite pour le royaume du mal.

En vérité, il l'est. Et, du coup, des symboles du mal ont été inventés, sous les noms notamment de Satan ou du diable, le Malin, le prince des ténèbres, le maître du monde, aux pouvoirs illimités. Ils n'ont pas beaucoup aidé à résoudre l'insoutenable problème du mal, insoluble à la fois pour ceux qui croient en Dieu et pour ceux qui n'y croient pas.

Pour les athées, le monde n'a pas de sens. Il est absurde. J'ai souvent exprimé mon admiration pour les athées qui font du bien aux autres sans aucun espoir de récompense ni de reconnaissance, dans une pure gratuité dénuée de toute autre signification que la charité, la compassion, la solidarité et l'image qu'ils se font d'eux-mêmes et de leurs semblables. Ces athées seront assis, là-haut, à la droite de ce Dieu auquel ils ne croient pas. Puisque ni l'univers ni la vie n'ont le moindre sens, le mal, pour eux, n'est ni plus ni moins inexplicable que tout le reste. Il est atroce comme le monde lui-même. Il est de l'absurde dans l'absurde, il est l'absurde au deuxième degré.

En apparence au moins, ceux qui croient à Dieu sont mieux armés contre le mal. Le monde leur est moins cruel qu'aux autres puisque la Providence veille sur eux. Mais aussitôt se pose une question qui, du massacre des Innocents au goulag et à la Shoah, du tremblement de terre de Lisbonne d'où sort le *Candide* de Voltaire au séisme d'Haïti, en passant par les famines en Chine, les éruptions de volcans à Pompéi ou en Indonésie, les tsunamis un peu partout, les souffrances des malades, des vieillards, des enfants, a bouleversé bien des consciences : comment un Dieu tout-puissant peut-il autoriser – ou faut-il dire : provoquer ? – les horreurs sans nom du mal ? De deux choses l'une : ou il n'est pas tout-puissant et sa gloire est ébréchée, ou il est complice du mal et sa toute-puissance est coupable. Il est très difficile, et peut-être impossible, de sortir de cette aporie. Le problème du mal est un des plus classiques et des plus ardus de toute théologie et de toute métaphysique. « Si Dieu existe, nous dit Woody Allen, j'espère qu'il a une bonne excuse. »

Pour ceux qui croient à Dieu comme pour ceux qui n'y croient pas, le mal est une absurdité, une catastrophe, un phénomène inexplicable, un scandale. On ne prétendra pas fournir ici une réponse à un problème qui agite les esprits depuis Adam et Ève, depuis le déluge, depuis Job sur son fumier, depuis l'extermination de l'homme de Neandertal par l'homme de Cro-Magnon. Mais, au lieu de considérer le mal comme la rupture scandaleuse d'un ordre universel dominé par le bien, peut-être devrions-nous inverser la perspective. Et voir le bien comme une exception lumineuse dans un monde où règne le mal.

Que le monde où nous vivons soit assiégé et envahi par le mal, comme il est occupé et pris en charge par la pensée, comment ne pas le constater ? Pour la simple et bonne raison que, depuis toujours et à jamais, l'homme, la vie, l'univers et tout ce qui y figure sont condamnés à mort. Le temps, qui se confond avec tout ce qui existe, est un élan vers l'usure et la disparition. L'histoire n'est rien d'autre que le récit d'une longue série d'échecs et de catastrophes qui finissent toujours par l'emporter sur la puissance et la gloire, sur les succès précaires, sur de trop brèves périodes de bonheur et de grâce. Il n'y a pas de quoi pavoiser. Comment ne pas comprendre les vieilles légendes d'un peu partout où le monde apparaît comme le royaume du prince des ténèbres et des forces du mal ? Ce n'est pas le mal qui vient bousculer et contrarier le bien dans ce que nous appelons – à tort – la marche du temps, c'est-à-dire dans l'histoire et dans notre vie privée. C'est notre condition misérable de morts en sursis, condamnés d'avance dès notre première apparition dans ce monde éphémère, qui est éclairée, à de brefs intervalles, par la lumière fragile du bonheur et du bien.

Le mal est partout autour de nous puisque nous sommes mortels et le monde, passager. La vie avant la pensée subit sans le savoir les effets de cette malédiction. Seul l'homme est conscient de son sort inéluctable. Et, pour tâcher de survivre le moins mal possible, il camoufle avec soin son destin désastreux sous tout ce qui peut lui venir à l'esprit et lui tomber sous la main : le sexe, le pouvoir, l'argent, les honneurs, l'importance, un savoir dérisoire, les drogues de toute espèce, la longue liste des illusions, tout ce que Pascal, nous l'avons déjà vu, ramasse sous le terme inspiré de « divertissement ». Le bonheur et le bien sont de brèves éclaircies dans les tempêtes du mal, des clairières éparses dans sa forêt obscure. Ils sont le charme vacillant et le but furtif de la vie.

Nous ne cessons jamais de rejeter ce que – à tort ou à raison – nous considérons comme le mal et de rechercher l'image que nous nous faisons – à tort ou à raison – du bonheur et du bien. Même celui qui va se pendre ou se tirer une balle dans la tête se sert de sa liberté pour fuir le pire et trouver le bonheur ou quelque chose qui en tienne lieu.

La liberté

Forts et fiers de leur pensée qui triomphe dans l'espace et le temps, les hommes sont libres – ou se croient libres. Comme la pensée, comme le mal, la liberté est le propre de ce primate qui s'est hissé au rang de maître du monde. Innocente, inerte, muette, la matière n'a pas d'autre choix que d'être ce qu'elle est. Volubile, active, coupable, la vie, elle, ne se contente jamais de demeurer semblable à elle-même. Elle bouge sans cesse, elle se transforme, elle reste la même et elle change. Il y a de la plante dans l'animal, il y a de l'animal dans l'homme. Et il y a déjà l'annonce de l'homme chez l'animal et chez la plante. Une touche, une ombre, un semblant de liberté se cache, dès l'origine, au cœur de la vie et se développe lentement avec elle.

On pourrait déceler chez les fleurs et chez les arbres comme un élan vers la liberté. Les singes, les abeilles, les dauphins, les éléphants, qui se déplacent à leur gré, qui jouent, qui communiquent entre eux, sont libres dans de très étroites limites fixées par un programme en forme de feuille de route dont il n'est pas question de s'écarter si peu que ce soit. La liberté surgit dans l'homme et elle triomphe avec lui.

Nous sommes libres. D'après plusieurs philosophes – Jean-Paul Sartre par exemple –, nous sommes même libres « de part en part ». L'estime est un peu forte et la prétention exagérée. Notre liberté est encadrée par les exigences et les règles les plus strictes. Nous ne sommes pas libres de refuser d'être nés, d'échapper à la mort, d'être un autre que nous-même, de revenir en arrière, de l'emporter sur le temps, de sortir de l'histoire. Mais nous sommes libres d'agir ou de ne rien faire, de choisir la droite ou la gauche, de dire oui ou non, d'accepter ou de refuser, de donner un sens nouveau au passé, d'infléchir l'image que nous nous faisons de nous-mêmes et que nous offrons aux autres, de prévoir dans une certaine mesure et de préparer l'avenir et de forger notre destin. Nous sommes libres en un mot d'être des hommes et des femmes libres.

Dans ce monde condamné et dans ce temps implacable, notre liberté consiste à choisir à chaque instant entre le bien et le mal. Ou entre le pire et le moins mauvais – qui peut parfois être délicieux.

C'est à quoi se résignent le buveur qui cesse de boire, le fumeur qui cesse de fumer, le soldat qui accepte de mourir pour une cause jugée meilleure que celle de ses adversaires, l'économiste, la commerçante, l'homme d'État, la ménagère en face de solutions qui, au moins à long terme, comportent toutes un risque, le célibataire ou la célibataire très satisfaits de leur sort qui décident d'épouser une femme ou un homme traînant toute une famille derrière soi, l'étudiant qui hésite entre deux carrières, le patient écartelé entre un mal qui le fera mourir et un traitement qui le fait souffrir, le désespéré que la ruine, la maladie ou l'amour jette soudain par la fenêtre, l'enfant qui vient de naître et qui s'attache déjà, sans même le vouloir, à une vie qu'il maudira plus d'une fois. Gouverner, c'est choisir entre deux inconvénients. Vivre, c'est d'abord essayer d'éviter le pire. Et le pire n'est pas toujours la mort.

La vie

Si familière, si mystérieuse, si difficile à définir, la vie, d'où nous sommes partis comme d'une évidence dès le début de ce manuel, est pour chacun d'entre nous ce qui se passe avant la mort. Elle est brève, avec des longueurs. Elle est sinistre et gaie. À la façon de l'Ecclésiaste et de Cioran – « J'ai préféré l'état des morts à celui des vivants et j'ai estimé plus heureux celui qui n'est pas né » ou « Les enfants que je n'ai pas eus ne savent pas ce qu'ils me doivent » –, le rêve de beaucoup serait de se passer de l'existence, de ne plus souffrir, de n'avoir jamais débarqué dans ce monde hostile et cruel. Et, en dépit de tant de douleurs et de tant de tristesses, la vie est belle et elle se confond avec le bonheur.

La vie est multiple et imprévisible. Légende invraisemblable et vraie, l'explosion primitive a mené à l'univers qui a mené à la vie qui a mené à la pensée. Et la pensée a donné un sens à la vie qui avait donné un sens à l'univers qui avait donné un sens à l'explosion primitive. À quoi mèneront l'univers, la pensée et cette vie insatiable aux innombrables visages ? À autre chose évidemment, dont nous ne pouvons rien dire car l'univers ne pouvait pas savoir qu'il allait donner naissance à la vie, la vie ne pouvait pas savoir qu'elle aboutirait à la pensée et, en dépit de toute sa puissance, la pensée ne peut rien savoir de ce qui sortira d'elle. Mais quelque chose d'obscur et d'encore inconnu nous tombera dessus tôt ou tard. Les ressources de la vie et de la pensée sont inépuisables. Jusqu'à se détruire, peut-être.

Parce que, pour notre chair périssable au moins, il n'y a rien d'autre que la vie, nous lui sommes tous, hommes et femmes, attachés plus qu'à tout. Ce que nous aimons, c'est vivre. Et donner la vie dans l'amour. La longue natte de l'histoire est tressée avec tant de subtilité et de soin que l'avenir naît du plaisir et l'altruisme de l'égoïsme. La machine de l'histoire ne cesse jamais de s'alimenter elle-même et de se donner des forces nouvelles. Pour que l'histoire puisse tenir debout et se poursuivre sans faiblir, il a fallu que l'amour de la vie ne cesse jamais de l'emporter sur sa lassitude ou sur son dégoût. Et il a fallu toute la puissance d'un désir sexuel qui, jusqu'à présent au moins, a régné sur la vie qui règne sur l'univers.

L'espace, le temps, les nombres, la capacité de l'histoire de distinguer et d'unir répartissent dès le début le phénomène global de la vie entre des individus différents. De même qu'il n'y a pas de temps sans objets temporels, il n'y a pas de vie sans vivants.

Comme l'univers lui-même, la vie des hommes est un désastre et un enchantement. Un désastre parce que la fin est déjà inscrite dans le début. Un enchantement parce qu'il ne cesse de s'y passer des événements qui provoquent des émotions, des sentiments, des réflexions, de la passion. Un désastre parce qu'il y a la souffrance et le mal. Un enchantement parce qu'il y a l'espérance et l'amour.

La vie de chaque vivant reproduit l'histoire de l'univers : il naît, il se développe, il joue son rôle et il meurt. Les choses se passent plus ou moins bien, mais toujours dans cet ordre. Il n'y a pas d'exception. La vie des êtres humains – parce qu'ils pensent – est particulièrement excitante.

La vie est excitante dans son ensemble, dans son parcours historique à travers les millénaires : c'est ce que les savants appellent la phylogenèse. Et elle est excitante une par une, pour chaque individu dans sa singularité : c'est l'ontogenèse.

Toutes les vies des êtres humains sont une aventure, un miracle et un spectacle prodigieux. Il y aura, dans l'avenir, un temps ou une absence de temps où les hommes auront disparu. Je ne sais pas si leur souvenir sera gardé quelque part par une puissance inconnue, une comptabilité mystique, un esprit immortel, un Dieu, ou s'il aura disparu pour toujours dans un néant éternel. Il n'est pas impossible que tout ce que nous appelons le monde et la vie ne soit qu'une imagination collective et bizarrement harmonieuse. Dans un cas comme dans l'autre – oubli ou survie, rêve ou réalité –, la vie de chacun d'entre nous aura été à jamais un chef-d'œuvre et un prodige.

Les vies d'Alexandre le Grand, de César ou de Galla Placidia, la vie d'une prostituée des quartiers chauds de Marseille ou de Constantinople, celles d'une esclave en Grande-Grèce ou au Yémen, d'un mineur polonais ou sud-africain vers la fin du XIXe siècle, de Gengis Khan, de Michel-Ange, de Napoléon ou de Théodora sont également fascinantes. Les uns jouent un grand rôle dans l'histoire et laissent un nom derrière eux. Les autres disparaissent au plus vite corps et biens. Mais tous auront connu l'alternance du matin et du soir, le chagrin, l'amitié, le désespoir, la maladie, la passion ou l'amour. Il peut même arriver qu'un homme ou une femme n'éprouve rien du tout de la beauté du monde ni de la force des sentiments. Sa vie n'en aura pas moins été comme une sorte d'hosanna, étouffé et muet, jeté dans l'éternité.

L'homme a créé l'art. Il y a une beauté de la nature, mais seule la vie la révèle. Et non content d'être à la source de toute beauté comme de toute justice ou de toute vérité, notre cerveau prend le relais de la création pour faire naître la peinture, la sculpture, la poésie, le théâtre, l'opéra, la danse, la musique – et le roman.

Il n'y aurait pas de roman s'il n'y avait pas de vie. Deux fois de la vie : la vie de l'auteur du roman d'abord, évidemment. Et la vie des personnages du roman. On peut imaginer un roman sans personnages. Nous avons des exemples de romans qui se limitent à la description de la nature et des objets. Reposant sur la seule écriture, ils constituent, eux aussi, à la façon des natures mortes et de la musique qui est le premier de tous les arts, un hommage à la vie. Mais l'immense majorité des tragédies, des comédies, des opéras, des chansons, des nouvelles, des fictions romanesques tentent – en vain, naturellement – d'imiter la création. Elles nous présentent des ascensions, des chutes, des rencontres, des combats, des passions, des crimes, des destins – bref, des vies.

La vie est inséparable du travail : « Tu gagneras ta vie à la sueur de ton front. » Le travail est une malédiction comme étaient aussi une malédiction, jusque dans un passé récent, les douleurs de l'enfantement. Toute vie est guettée par deux malédictions. L'une est souvent tournée par des malins, par des chanceux, des escrocs, des génies ou des idiots : le travail. L'autre est universelle, catégorique et implacable : la mort.

Il faut ajouter aussitôt, non par souci de complication ou d'élégance mais par respect de la vérité qui est souvent contradictoire et très proche de l'oxymore, que ces deux malédictions sont des bénédictions. Travailler est dur. Mourir est cruel. Ne pas travailler, manquer de travail, chercher du travail et ne pas en trouver est plus dur encore. Et ne pas mourir serait pire que tout. Quand le Christ, sur le chemin du Calvaire, se voit refuser un verre d'eau par Isaac Laquedem, appelé aussi Ahasvérus ou Buttadeo, il le condamne à l'immortalité. Une belle nouvelle de Borges tourne autour du Juif errant appelé l'Immortel, qui cherche désespérément et en vain la source de mortalité. Nous sommes si égarés, nous savons si peu de chose que nous ne savons même pas ce qui est le bien et ce qui est le mal.

Entrer dans ce monde est un mystère. En sortir est un mystère. Et l'entre-deux, que nous appelons la vie, est encore un mystère. Nous pouvons peut-être, dans les limites que nous savons, choisir notre existence. Nous ne choisissons pas de naître, et rarement de mourir. Naître et mourir nous sont imposés du dehors, ou du dedans, comme on voudra, mais le plus souvent sans notre accord, ou même contre notre volonté, d'en haut pour quelques-uns, d'ailleurs pour la plupart. Nous avons du mal à retarder, mais nous pouvons, sinon sans peine, du moins sans difficulté majeure, avancer la date de notre mort. Malgré tous les rêves de l'humanité depuis les temps les plus reculés, nous ne pouvons pas y échapper. Vivre n'est rien d'autre que mourir dans un avenir plus ou moins proche et toujours imprévisible.

La mort

La mort est le but et l'issue de toute vie et il est impossible de rien en dire.

Nous savons tout – ou presque tout – de la vie jusqu'à la mort. Nous pouvons parler de cette part de la mort qui appartient encore à la vie. Nous ne savons rien de la mort après la mort. Nous n'en avons jamais rien su. Nous n'en saurons jamais rien. Et peut-être n'y a-t-il rien à savoir.

Ce qu'il y a de plus étrange dans la mort, c'est cette barrière infranchissable qui la sépare de la vie. On dirait un fait exprès. Très loin dans le passé, il y a des millions et des millions de siècles, un mur s'élève tout au début pour nous empêcher de connaître notre origine. Très près dans l'avenir, dans quelques années, dans quelques mois, ou peut-être demain, un mur s'élève tout à la fin pour nous empêcher de connaître notre destin.

Nous ignorons d'où nous venons, nous ignorons où nous allons. Nous sommes tous des égarés.

Le plaisir

La vie est pleine de surprises : la mort au loin – ou tout près – est précédée et balancée par ce que nous appellerons d'un terme générique un peu flou : le plaisir. Si cruelle, souvent insupportable, la vie est semée de plaisirs.

Le plaisir n'a pas très bonne réputation. Il est volontiers opposé au devoir. On reprochera – ou on reprochait – une vie de plaisirs aux jeunes gens jugés trop portés à s'amuser au lieu de s'ennuyer à la façon de tout le monde. Considéré comme plus moral, l'ennui, ou au moins l'effort, a meilleure presse que le plaisir qui contribue pourtant beaucoup à l'agrément de l'existence de ceux qui s'y consacrent.

Il faut bien reconnaître que le plaisir coûte souvent cher, qu'il éloigne des autres, qu'il distrait des grands desseins, qu'il élève rarement l'esprit. Mais il fait passer le temps de la manière la plus délicieuse et rend plutôt agréables ceux qui lui font place dans leur vie. Les femmes et les hommes de plaisir sont plus plaisants à fréquenter que les hommes et les femmes de devoir qui inspirent l'estime et le respect.

Le temps, l'argent, le sexe sont liés au plaisir. Au point que le plaisir tout court désigne le plus souvent le plaisir sexuel. Les livres médiocres ou franchement mauvais qui recherchent le succès et qui ont une chance de l'obtenir parlent volontiers de la « montée du plaisir » ou de sa recherche frénétique. Il y a des maisons de plaisir, des objets du plaisir, des techniques du plaisir.

Le plaisir est surtout le compagnon du désir : sa conséquence ou sa source. L'homme – terme générique qui embrasse la femme – est un être-pour-la-mort et un être-du-désir. Il fait des projets, il se préoccupe de l'avenir, il veut des êtres et des choses, il cherche à jouir de ce monde où la vie l'a jeté. Et il va mourir. En attendant de mourir, il se livre au plaisir, miroir aux alouettes illusoire et fascinant.

Alcibiade, Horace, La Fontaine, Voltaire, Musset, Henri Heine, Oscar Wilde, Toulet, Cocteau, Morand ont aimé le plaisir. « La vie, disait Talleyrand qui s'y connaissait en bals de cour et en fêtes, en aventures amoureuses et en hochets du pouvoir, la vie serait supportable sans les plaisirs. »

Le bonheur

Le bonheur n'a presque rien à voir avec le plaisir. Le plaisir est agité. Le bonheur est calme. Le plaisir passe très vite. Passager lui aussi, le bonheur peut durer plus longtemps – c'est même son risque et son danger. Il y a beaucoup de plaisirs différents, et leur liste est interminable. Le bonheur prend mille masques différents et reste partout le même. « Toutes les familles heureuses se ressemblent, écrit Tolstoï à la première ligne d'*Anna Karénine*. Toutes les familles malheureuses sont malheureuses à leur façon. »

À notre époque surtout, qui a élevé le bonheur à la dignité d'une idole suprême et obligatoire, tout le monde veut être heureux. Au point qu'une lassitude du bonheur a fini par se faire jour. Beaucoup d'âmes tourmentées se détournent, non seulement du plaisir, mais aussi du bonheur pour s'élever un peu au-dessus d'elles-mêmes ou pour sombrer dans le crime.

Chacun a le droit, et peut-être le devoir, d'être heureux. Les traités du bonheur et les recettes pour y parvenir sans trop de peine en quelques leçons ont fleuri un peu partout. J'ai contribué moi-même à cet engouement collectif et un peu forcé. Peut-être faut-il rappeler que la recherche frénétique du bonheur ouvre le chemin le plus sûr vers l'échec et le dégoût. Le bonheur n'est pas un but, encore moins une carrière ou une obligation, mais un don gratuit, une surprise et la récompense de ceux qui ne passent pas leur temps à le cultiver. Le bonheur n'est pas un exercice narcissique et solitaire. Il tombe, comme par hasard, sur la tête et dans le cœur de ceux qui, loin de s'occuper d'eux-mêmes, s'occupent plutôt d'autre chose – et des autres.

La joie

Le plaisir est une herbe folle qui pousse entre les pierres. Le bonheur est un lac très calme qui brille sous le soleil. La joie est une tempête qui tombe du ciel pour nous élever vers lui. Le plaisir est un instant qui passe : il nous excite. Le bonheur est un état qui s'efforce de durer : il nous apaise. La joie est une grâce venue d'ailleurs. Elle éclate. Elle nous transporte. Elle nous ravit au-dessus de nous-mêmes.

La joie est liée à la justice, à la beauté, à la vérité. Elle frappe à l'instant où il apprend que son innocence est enfin reconnue le suspect accusé à tort d'un crime qu'il n'a jamais commis. Elle envahit Carpaccio en train d'achever *Le Rêve de sainte Ursule* ou Piero della Francesca devant *Le Songe de*

Constantin. Elle est la récompense du savant qui découvre soudain la solution d'un problème qui a longtemps résisté aux efforts de générations successives. Elle tombe sur le musicologue, sur le mélomane, sur le premier venu, sur l'imbécile musical qui écoute une cantate de Bach ou *Les Noces de Figaro.* Elle inonde les amants, les âmes pures, les simples d'esprit qui découvrent tout à coup qu'ils aiment et qu'ils admirent la beauté des êtres et du monde.

Giono nous a laissé de bons livres et deux titres inoubliables. L'un : *Le Chant du monde*. L'autre : *Que ma joie demeure.*

Dans ce monde enchanteur et si dur, ah ! que ma joie demeure !

L'HISTOIRE

1 /

Il y a une histoire parce que tout passe, le bonheur comme le malheur, les chagrins comme la joie. Et les plaisirs, bien entendu. Il y a une histoire parce qu'il y a le temps, que nous naissons et mourons, que nous dépendons de notre passé et que l'avenir nous guette. Le passé et son histoire empêchent l'avenir de relever du seul hasard et de devenir n'importe quoi.

2 /

Beaucoup – les juifs, les Grecs, les Romains, les chrétiens, les musulmans, les communistes, les trotskistes… – croient que l'histoire a un sens. Des sens souvent différents, et parfois opposés. Mais enfin, un sens. D'autres – les athées, des saints laïques, des fous, des joueurs, des désespérés, de grands physiciens ou de grands biologistes qui font la part belle au hasard... – pensent que l'histoire n'a pas plus de sens que le mal, la vie, l'univers.

3 /
Les philosophes de l'histoire allemands distinguent sous deux noms différents l'histoire en train de se faire et l'histoire déjà faite, reconstituée par les historiens et enseignée aux enfants. L'abîme entre ces deux histoires a quelque chose de métaphysique.

4 /
L'histoire s'occupe le plus souvent du passé. Mais l'avenir appartient aussi à son domaine. « La première catégorie de la conscience historique, ce n'est pas le souvenir. C'est l'annonce, l'attente, la promesse. »

5 /
J'aurais beaucoup aimé écrire une histoire du plaisir. Ou une histoire du bonheur. Une histoire des rapports entre maître et disciple, de Socrate et Platon à Alain, à Bachelard, à Jankélévitch et d'Alcibiade

à Rimbaud. Une histoire des rapports entre auteurs et éditeurs. Une histoire de l'histoire. Une histoire de l'avenir depuis les temps les plus reculés.

6 /

À plusieurs reprises a été proclamée une fin de l'histoire. L'histoire ne finit jamais. Ou plutôt elle ne finira qu'avec les hommes, avec le temps et avec l'univers.

Le progrès

Il y a pire encore que les imbéciles qui croient au progrès : ce sont les imbéciles qui n'y croient pas.

Dans tout ce qui touche à la science, à la technique, à la médecine, aux transports, au niveau de vie, à la justice – parlons plutôt de l'aspiration à la justice –, le progrès crève les yeux. Même parmi les adversaires les plus résolus du progrès, qui accepterait de vivre demain comme nous vivions hier ?

Qui se risquerait, en revanche, à déceler le moindre progrès dans tout ce qui relève de la pensée, de la morale, de l'art, du bonheur, du courage, de l'élégance, de la curiosité d'esprit, de la plupart des vertus, peut-être même, sinon de cette « douceur de vivre » dont parlait Talleyrand, du moins des charmes de l'existence, de la nature, de la sérénité ? Il n'est pas exclu que le sort d'un déshérité ou d'un réfugié d'aujourd'hui soit aussi dur, ou plus dur, que celui d'un paysan ou d'un marin des temps évanouis.

Plus qu'un progrès continu, ce qui frappe au fil des siècles, c'est une succession d'avancées foudroyantes, de reculs, de risques imprévus, d'échecs qui se muent en victoires, d'espérances souvent déçues. Ce qui l'emporte sur tant de légendes et d'illusions ramassées sous le nom de « progrès », c'est un changement perpétuel dont les effets nous restent obscurs. Nous ne connaissons jamais les conséquences de nos décisions. Rien n'échoue comme le succès. Et ce que nous redoutions finit parfois par nous servir. « Les hommes font l'histoire, disait Raymond Aron, mais ils ne savent pas l'histoire qu'ils font. »

Le progrès est une réalité. Le progrès est une évidence. Le Progrès est une idole. Le Progrès est un mythe. Tout passe, tout évolue, mais tout reste toujours semblable. Le prince Salina, dans *Le Guépard* de Lampedusa revu par Visconti, l'avait déjà deviné : rien ne change jamais que pour mieux se poursuivre.

Il est impossible, en vérité, de comparer entre elles, dans le temps, des époques successives comme il est impossible de comparer entre elles, dans l'espace, des cultures différentes. En dépit de tant de savants qui ont laissé un grand nom dans l'histoire des idées, en dépit d'Hérodote, de Thucydide, de Tite-Live, de Tacite, de Bossuet, de Voltaire, de Gibbon, de Michelet, de Toynbee, l'histoire attend encore son Lévi-Strauss.

La justice

Le monde est injuste. C'est la loi. Juifs, chrétiens, athées, bouddhistes, démocrates, socialistes, communistes, nous croyons, bien entendu, à l'égalité entre tous les êtres humains. Force est pourtant de constater que certains d'entre nous sont plus grands ou plus petits que les autres, courent plus ou moins vite, jouissent d'une santé qui peut être bonne ou mauvaise, ont plus ou moins de facilités pour parler le chinois, l'arabe ou le français. La nature est plus injuste encore que la fortune si imprévisible et si volage.

Cette évidence établie, tout le reste – le pouvoir, l'argent, le talent, le caractère, la chance, le hasard, le destin… – coule de source dans une parfaite injustice. Universelle et obligatoire, il n'y a que la mort – mais elle arrive toujours trop tard et après la bataille – pour rendre enfin à la vie une égalité si longtemps différée et un semblant de justice.

Au cours de la vie – de la vie en général et de chacune de nos vies en particulier –, seul domaine où nous puissions agir avec l'ombre d'une espérance de succès, bien des efforts ont été déployés pour tâcher d'injecter un peu de justice dans ce tissu d'injustices. Sur la nature, le caractère, le talent ou son absence, le génie évidemment, le hasard, la chance, les hommes ne peuvent pas grand-chose. Ils ont bien essayé, avec des réussites variées, d'agir sur les esprits par l'éducation ou la psychologie et sur les corps par le sport, d'apprivoiser le hasard sous les espèces de la loterie, de l'astrologie, des machines à sous ou des jeux télévisés, et même de modifier l'apparence physique des créatures humaines comme ils ont essayé aussi de transformer les plantes, les arbres, les fleurs, les animaux. Aucune de ces opérations n'a suffi à assurer la justice. Elles ont plutôt contribué à renforcer l'injustice : la télévision fabrique des vedettes tirées au sort dont le destin est sinistre, le sport est dévoré par la compétition qui attire des foules partisanes et l'école donne naissance à l'émulation, condition du progrès. Il y a des forts et des faibles, des veinards et des malheureux, des vainqueurs et des vaincus. Les deux seuls domaines où les hommes ont tenté avec constance et plus ou moins de succès de faire régner un peu de justice sont le pouvoir et l'argent. Tout un pan de l'histoire de l'humanité se confond avec ces efforts.

Longtemps, le pouvoir a été le privilège des mages, des prêtres, des chefs de guerre ou de clan, des rois, des empereurs, des seigneurs et des puissants. Le talent ou le génie, la force, la violence, la ruse, la chance et le hasard, la guerre de tous contre tous jouent un rôle déterminant dans l'injustice de l'autorité à laquelle des tribus, des communautés, des nations, des civilisations entières se sont soumises avec résignation, et souvent, sous des noms divers et par une sorte de miracle qui a suscité beaucoup d'études et de travaux, avec une adhésion parfois proche de l'enthousiasme.

La démocratie consiste à introduire un peu de justice dans la jungle du pouvoir et à rendre à chacun un fragment minuscule de l'autorité publique.

Avec son contrat social et sa règle de la majorité à une voix près, avec ses oscillations perpétuelles, avec ses excès et ses faiblesses, la démocratie est une illustration de l'imperfection tragique de ce monde : elle fonde un régime incertain, changeant, trop souvent décevant – mais, à coup sûr, le moins mauvais de tous. Très loin d'assurer la justice dans ce bas monde, elle incarne pourtant un effort vers ce qu'il nous est permis d'espérer en matière de justice économique et sociale.

L'invention de l'argent il y a quelques milliers d'années a été le plus puissant des accélérateurs de l'injustice inséparable depuis toujours et pour toujours de la condition humaine. L'argent représente naturellement un progrès immense sur le troc et un facteur décisif de développement économique et social. L'argent, c'est la liberté monnayée. Et, fluctuant jusqu'à la contradiction, ambigu comme tout progrès, son règne entraîne avec lui des catastrophes en chaîne. Comme la vie elle-même – et comme la mort – il constitue, indissolublement, dans la vie publique et privée, dans le sport, dans l'art, un peu partout, une bénédiction et une malédiction.

Officiellement, si l'on peut dire, en théorie, l'argent est la récompense du travail, des services rendus, du dévouement à la cause publique, de l'effort et du talent. Les exemples ne manquent pourtant pas d'un travail épuisant qui n'enrichit jamais personne et, inversement, de hasards heureux et de rencontres fortuites qui assurent la fortune à des médiocres et à des incapables. En Mésopotamie, en Égypte, chez les Grecs et chez les Romains, dans la Russie communiste, chez les Chinois, chez les Indiens – et chez nous –, il y a des riches et des pauvres. Allez savoir pourquoi et comment. Pour quelles raisons. Par quels mécanismes. Sur quels principes. Du coup, souvent, les esclaves se révoltent contre les maîtres, les pauvres contre les riches, les paysans contre les propriétaires, les bourgeois contre les aristocrates et les prolétaires contre les bourgeois.

Nous le savons bien, nous l'avons appris dans la douleur : quel que soit le régime, la caste des privilégiés ne tarde jamais beaucoup à se reconstituer. Sur des bases nouvelles et selon les vieux schémas. Parce qu'ils sont plus nombreux et toujours prêts à mourir, les esclaves l'emportent sur les maîtres, les faibles sur les puissants – et les victimes d'hier deviennent sans trop de peine les bourreaux de demain. La justice, disaient Simone Weil et les Grecs de l'Antiquité, cette fugitive du camp des vainqueurs.

Un rêve court à travers le temps : la suppression de l'argent. Elle entraînerait des souffrances qui feraient vite regretter son règne implacable. La règle du progrès, si souvent attaqué et condamné et si ardemment défendu, est que l'histoire ne revient jamais en arrière.

Comment lutter contre l'injustice ? En donnant la même chose à chacun ? En mesurant le mérite ? En établissant des hiérarchies fondées sur des critères incertains et variables ? En tirant à la courte paille ? Tous les systèmes ont été essayés au cours de l'histoire. Aucun n'a mené au bonheur – ni à la justice.

Comme la beauté, comme la vérité, la justice est un rêve, une séduction, un mirage, une illusion. Vouloir l'imposer du dehors et avec violence est une ambition infinie et vaine. Mais renoncer à la justice sous prétexte d'impuissance à la faire triompher et jeter l'enfant avec l'eau du bain, c'est ouvrir la voie au désespoir et à la barbarie. Nous sommes des êtres imparfaits. Il nous faut, vaille que vaille, courir après l'impossible et chérir l'utopie. La tâche de Sisyphe est de pousser son rocher.

La beauté

La beauté ? Une idée, un sentiment, un plaisir, une émotion. Et à nouveau un mystère. La beauté, comme le temps, nous ne savons pas ce que c'est. Les hommes ont souvent essayé de l'expliquer par la mathématique. Par des calculs savants et par le nombre d'or. Sans résultat décisif. À propos d'une boisson plutôt forte dans un film français d'il y a un demi-siècle figure une réplique devenue célèbre : « Il y a de la pomme – mais il n'y a pas que de la pomme… » Dans la beauté aussi, il y a de la mathématique, mais il n'y a pas que de la mathématique. Michel-Ange et Bach, Pascal et Bramante sont mathématiciens. Mais autre chose encore que mathématiciens. Le charme, la grâce, l'invention, la surprise, la sensibilité, le paradoxe, l'immobilité et le mouvement, l'équilibre, l'harmonie, la symétrie et l'asymétrie… Aucune définition ne suffira jamais à cerner la beauté.

Un visage est beau – non pour tous peut-être, mais pour quelques-uns. Et nul ne sait pourquoi. Un coucher de soleil est beau. Une voiture est belle. Un livre est beau – c'est-à-dire qu'il nous plaît. Et il fait plus que nous plaire : il nous enrichit, il nous élève, il nous transporte ailleurs. Un pont, une cathédrale, une mosquée, un échangeur d'autoroute sont beaux. Une cicatrice est belle aux yeux du chirurgien. La *Présentation de la Vierge au Temple* par Titien dans un coin plutôt perdu de l'Académie de Venise est belle. La solution d'un problème, une formule, une équation sont belles. Le *Concerto n° 21* de Mozart, et surtout son andante, déchirant et si gai, est d'une beauté à tomber. La légèreté est belle quand elle s'unit à la profondeur.

La beauté n'existe pas par elle-même, en l'absence des phénomènes ou des objets que nous jugeons beaux. Surgissant à l'origine dans un monde sans beauté, dans un monde au moins où la beauté, déjà présente, reste encore cachée, les hommes la font jaillir du vide de l'univers. Ils injectent de la beauté dans un monde aveugle et muet. Comme l'univers en général, elle est liée à l'homme, à ses sens, à son imagination, à son cerveau. D'une façon ou d'une autre, il n'y a pas de beauté sans spectacle et il n'y a pas de spectacle sans perception du spectacle. Il n'y a pas de beauté sans pensée, sans oreilles et sans yeux.

La beauté est trompeuse, menteuse, parfois décevante, toujours discutable et toujours équivoque. Elle entretient des liens étroits, chacun le sait, avec les entraînements d'une mode qui ne cesse de se démoder. Elle change avec le temps. Elle varie selon les individus. Elle divise autant qu'elle rapproche. Elle est une promesse de bonheur et souvent de malheur. Les sirènes sont belles et leur chant est très beau. Méduse a une espèce de beauté. Et Lucifer est beau. La beauté est éphémère et inconstante comme le temps. Ce qui paraissait beau hier – l'art, les mœurs, le langage, toutes les formes d'expression, la manière d'être et de sentir, les vêtements, les visages… – semble risible aujourd'hui. Et ce qui nous plaît aujourd'hui sera ridicule demain.

Ce ne sont pas seulement les modalités de la beauté qui ne cessent d'être contestées et d'être menacées par le temps qui passe – mais l'idée même de beauté. Durant des siècles et des siècles, la beauté s'est confondue avec les arts, avec la peinture, la sculpture, la musique, l'architecture. Elle en était le but, la condition, la matière et le sens. Une bonne partie, et la plus bruyante, de l'art d'aujourd'hui s'est détournée de la beauté. Une œuvre d'art a encore le droit d'être belle. Elle peut aussi nourrir des ambitions différentes. Au lendemain de deux guerres mondiales et de la crise économique, avec les progrès de la science et la crainte de l'avenir, après Rimbaud, Joyce, Picasso, Charlie Chaplin d'un côté, Barnum, la radio, le cinéma, la télévision de l'autre, le rejet, le combat, la fureur, une éthique parfois inversée ont pris la place de l'admiration, inséparable de la beauté. Les médias et l'argent ont détrôné la reconnaissance par les pairs et la gloire. Les metteurs en scène l'ont emporté sur les auteurs. Le commentaire sociologique s'est emparé de l'art.

Si longtemps adulée, il arrive à la beauté non seulement d'être négligée et oubliée, mais de se voir dénoncée, vilipendée et moquée. « Un soir, j'ai assis la Beauté sur mes genoux – Et je l'ai trouvée amère – Et je l'ai injuriée. » Elle ne s'inquiète pas beaucoup de ces rebuffades ni de ses mésaventures. Elle reste calme dans son coin. Elle sait qu'elle reviendra en souveraine, différente et semblable. En dépit de tant de malheurs, il y a chez elle et en elle quelque chose d'obstiné et peut-être d'éternel.

Il n'est pas tout à fait sûr que la beauté suffise à sauver le monde de la folie des hommes et de leur génie. Elle le rend en tout cas supportable. Elle le change en bonheur.

La vérité

L'air, l'eau, la lumière, le plaisir, le bonheur, la beauté sont les dons gratuits du monde et de la vie. Chacun peut jouir de la lumière. Vous avez le droit d'être heureux. La beauté est un enchantement qui transforme l'existence. La vérité est un devoir. Elle est combat, dissimulation, recherche, découverte, proclamation. Elle est surtout obligation. En ouverture de son cours d'hypokhâgne ou de khâgne au lycée Henri-IV, le philosophe Alain avait coutume d'inscrire au tableau noir la phrase si belle de Platon :

σὺν ὅλῃ τῇ ψυχῇ εἰς τὴν λήθειαν ἰτέον.
Il faut aller à la vérité de toute son âme.

Le problème avec la vérité, qui est adéquation de la pensée et de la réalité, conformité du langage au monde et à son histoire, c'est qu'elle ne cesse de se dérober. Elle se situe volontiers sous l'invocation de la formule célèbre d'un procurateur de Judée au temps de l'empereur Tibère : « Qu'est-ce que la vérité ? »

Il n'y a de beauté que parce qu'il y a des hommes pour la percevoir. Il n'y a de vérité – et de mensonge – que parce qu'il y a une pensée et un langage pour la découvrir – ou la dissimuler. Inséparable de l'expression sous forme de voix ou d'écriture, elle est aussi liée au mal qu'elle affronte et dissipe. Assoiffée de reconnaissance, elle est fragile et toujours prête à la bataille.

Qu'elle change dans l'espace et dans le temps, nous le savons depuis toujours. Et Pascal nous le rappelle avec ses fameuses Pyrénées qui séparent la vérité de l'erreur. Selon les domaines de son activité, elle est plus ou moins sensible à la géographie et à la marche de l'histoire. Elle varie moins vite et surtout avec moins de violence en littérature et en morale qu'en physique et en biologie. Homère et

Socrate sont toujours jeunes, Ptolémée, Hippocrate, Copernic ne sont plus que des repères historiques dépassés par une vérité nouvelle qui sera bientôt, à son tour, périmée et ancienne.

De notre temps, c'est en physique mathématique que les bouleversements de la vérité ont été les plus évidents et les plus spectaculaires. À travers la physique mathématique et grâce à elle, l'image de l'univers et la nôtre ont changé du tout au tout.

Dans la première moitié du siècle passé et sous la pression d'une science devenue soudain foudroyante, la notion même de vérité a volé en éclats. En marge de deux guerres mondiales et sur fond d'une crise économique profonde, une des clés de l'histoire des idées au XXe siècle est à chercher dans cette explosion de la vérité.

Vers le début du chapitre sur la pensée, il a été établi que ces quelques pages ne constituaient pas un traité de philosophie. L'ambition de ce manuel est encore moins de présenter un exposé, même succinct, des progrès inouïs de la science, et notamment de la physique mathématique, au cours des cent dernières années. Il n'est pas question ici de proposer le moindre tableau des séismes qui ont secoué de nos jours la science et son histoire. Ce qui est peut-être permis, en revanche, c'est de jeter un regard sur les avatars et les aventures fabuleuses d'une vérité si longtemps assoupie dans une orgueilleuse certitude.

La vérité, pendant des siècles, a régné sans encombre parce qu'elle avait deux garants successifs et puissants : c'étaient Dieu et la science. Avant le triomphe du monothéisme sous ses formes diverses – judaïsme, christianisme, islam… –, le monde était la proie de forces magiques, puis de toute une variété de déesses et de dieux qui s'accouplaient, se reproduisaient, se combattaient, s'alliaient et décidaient à leur gré du destin des humains. Appuyées sur une réalité qui se réclamait de Dieu, la stabilité et la clarté d'une vérité qui progressait avec une sage lenteur dans la confiance et dans la bonne conscience étaient enfin assurées.

À partir de la fin du XVIIIe siècle, la science a pris ses distances d'avec Dieu. Elle ne l'a pas seulement mis de côté. Elle l'a remplacé. Elle s'est confondue avec lui. Et elle a conservé à son propre bénéfice les habitudes de certitude et d'invulnérabilité qu'elle disputait à un Dieu contesté. Vers la fin du XIXe siècle, des savants éminents et sûrs de leur vérité pensaient que la science était parvenue à son terme, qu'elle savait presque tout de ce qu'il était possible de savoir, qu'il suffisait de développer les connaissances acquises et qu'il n'y aurait plus dans l'avenir de découvertes fracassantes. Vingt ou trente ans plus tard éclataient les bombes métaphysiques de la relativité restreinte, puis générale, et de la révolution quantique qui allaient mener au nucléaire, à l'électronique, au numérique et à un monde virtuel où ni la réalité ni la vérité n'avaient plus guère leur place.

La mécanique quantique ouvrait une ère nouvelle non seulement dans la science, mais dans l'histoire des idées. Naguère appuyé sur la toute-puissance d'une science qui avait hérité de Dieu, le déterminisme battait en retraite. L'incertitude l'expulsait. À la merci de l'incertitude de l'infiniment petit, le fameux chat de Schrödinger était à la fois mort et vivant. Au hasard. Presque au choix. Impossible de savoir. Contrairement aux affirmations d'un Laplace qui prétendait que l'avenir sortait du présent avec une sorte de nécessité, la stabilité et l'évidence avaient disparu. Personne n'était plus sûr de rien. La réalité piquait du nez. Non que l'esprit des hommes ne fût pas ouvert au mystère de ce monde, mais parce que le mystère de ce monde était fermé à l'esprit des hommes. « Ce qu'il y a de plus incompréhensible, disait Einstein, c'est que le monde soit compréhensible. » Bohr allait plus loin encore dans le même sens : « Si vous croyez avoir compris la théorie quantique, c'est que vous ne l'avez pas comprise. »

La logique en prenait un coup. La bonne conscience, la simplicité, le confort intellectuel s'écroulaient. Toute prévision était interdite. La réalité vous glissait entre les doigts. Le savoir bégayait. La certitude faisait naufrage. La vérité devenait folle.

Ce n'était pas seulement en physique mathématique que la vérité vacillait. Garant de la vérité, Dieu, depuis longtemps à bout de souffle, rendait l'âme entre les mains de Karl Marx et de Nietzsche. La science faisait semblant de triompher, mais elle reconnaissait ses limites. Privée des secours à la fois de Dieu qui se retirait et d'une science toute-puissante et pourtant impuissante, à qui rien ne résistait sauf un réel en miettes mais toujours inépuisable, où était passée la vérité? Elle errait, hagarde, sur les ruines de l'ancien monde.

Elle cédait sur tous les fronts: les arts, la politique, la justice, l'histoire, la morale, les façons d'être, la syntaxe, l'orthographe... Et jusqu'à la religion. « Je suis le chemin, la vérité et la vie », disait Jésus à ses disciples. Même pour les croyants, le chemin devenait ardu et la vie difficile parce que la vérité avait perdu de son éclat et de son autorité. Au-delà des bouleversements de la science, de la technique, des mœurs, de la religion qui déboussolaient les esprits, le découragement des citoyens, le désarroi des consciences, le fameux malaise dans la civilisation n'étaient peut-être rien d'autre que les manifestations de la crise de la vérité.

Dans la vie de chaque jour, misérables égarés, aussi loin de l'infiniment petit que de l'infiniment grand qui ont leurs règles à eux, ou peut-être pas de règle du tout, la vérité reste un devoir. À ceux qui l'auraient oubliée, il faut rappeler la phrase de Gide dans *Paludes*: « Tu me rappelles ceux qui traduisent

Numero Deus impare gaudet par “Le numéro Deux se réjouit d’être impair” et qui trouvent qu’il a bien raison. » Non, *deus* ne se traduit pas par *deux* et nous avons le devoir de regarder en face une vérité qui survit malgré tous les obstacles et de la répandre autour de nous au lieu de la déformer et de la dissimuler.

Reste à savoir s’il faut toujours l’exprimer. Dans les cas, par exemple, de la vie sentimentale, de la santé, de l’aspect physique, dans la bouche des avocats ?... Ou quand il s’agit de politique étrangère. Faut-il à tout prix imposer aux autres une vérité dont ils ne veulent pas – et qui peut-être n’existe pas ? Mieux vaut parfois aimer les autres que de leur dire notre vérité. Il y a quelque chose de supérieur à la vérité – comme d’ailleurs à tout le reste : c’est l’amour.

L'AMOUR

L'AIR ET L'EAU ont leurs secrets. La lumière est savante. Les mécanismes du temps ont quelque chose de démoniaque. La pensée donne le vertige. La vérité est un labyrinthe. Rien de plus simple que l'amour. Vous prononcez son nom : chacun sait de quoi il retourne. Philémon et Baucis. Roméo et Juliette. L'amour maternel. L'amour de la patrie. L'amour de Dieu. Les amours de jeunesse. Les amours qui durent et les amours qui se défont. Plaisir d'amour et chagrins d'amour. Ses tours et ses détours, nous les connaissons tous. Usé jusqu'à la corde par l'ode et le sonnet, par le théâtre classique, par les poètes romantiques, par les chanteurs et les chanteuses, le cinéma, la télévision, il n'en finit pas de ressusciter de ses cendres et de régner sur le monde.

Un scénariste au comble de l'excitation entre en trombe, à Hollywood, dans le bureau d'un producteur :

– Patron ! J'ai une idée de génie…

– Ah ! bon…

– … De quoi déchaîner l'enthousiasme…

– Tiens donc !…

– … Une histoire toute neuve…

– Vraiment ? Je vous écoute.

– Eh bien ! voilà : *A boy meets a girl…*

L'amour fait tourner la Terre. Il fait tourner les planètes. Il fait tourner le Soleil et les autres étoiles. Plus sûrement que les quatre forces, vous savez bien, à l'œuvre dans l'univers, il tient ensemble un monde qui se briserait sans lui. Il jette tout ce qui vit dans les bras les uns des autres. Il donne un peu de courage et de consolation aux infirmes, aux déshérités, aux pauvres, aux désespérés. Il est au cœur de la justice, de la beauté, de la vérité. Il rapproche les vivants. Il se souvient des morts. Il élève vers Dieu. Et – au moins tout au long des millénaires écoulés – il permet à l'histoire de poursuivre son chemin en ne cessant jamais de lui fournir des recrues. Il est plus fort que la mort.

L'intéressant dans l'amour, son avantage, son danger aussi, c'est qu'on peut tout en dire. Tout et le contraire de tout. Tout et n'importe quoi. Et personne ne s'en prive. Il est gai, il est triste, il est tendre, il est brutal, il passe et il ne passe pas. Il ne cesse jamais de se contredire. Il prend toutes les formes possibles et tous les masques les plus divers. Il se charge de chaînes, il inspire les poètes et les prédicateurs, il nourrit sans fin les ragots et les romans, il se traîne dans la boue et il élève au-dessus d'elles-mêmes de grandes âmes éperdues. Il est à la source de plusieurs chefs-d'œuvre et d'un nombre incalculable de pauvretés et de bassesses.

« Quand je parlerais toutes les langues des hommes et des anges, écrit saint Paul à ses Corinthiens, si je n'ai pas l'amour je suis comme un airain qui résonne et une cymbale retentissante. » Et Céline, à l'inverse : « L'amour, c'est l'infini mis à la portée des caniches. » L'amour est torture, enchantement, violence, douceur, conversation, silence.

Il est bonheur et chagrin. Il est profondeur et légèreté. Il est léger comme de la cendre.

J'ai beaucoup aimé ces jeux de mots et du plaisir chantés par Mozart ou par Offenbach, mis en scène par Shakespeare, par Musset, par Henri Heine, par Toulet, par Oscar Wilde et où se glissent d'avance toutes les promesses de l'amour. Chateaubriand déjà âgé tombe un beau soir sur Rachel encore toute jeune en train de triompher dans *Bérénice* ou dans *Phèdre*.

Chateaubriand, soixante-dix ans :

– Quel malheur, mademoiselle, de voir une chose si belle quand on va mourir !

Rachel, dix-sept ans :

– Mais, monsieur le vicomte, il y a des hommes qui ne meurent pas.

La même Rachel, un peu plus tard, aurait reçu dans sa loge le billet d'un admirateur à la mode. « Quand on vous voit, on vous aime. Quand on vous aime, où vous voit-on ? » Elle aurait répondu par quelques mots tout aussi brefs à la chute ambiguë : « Ce soir. Chez moi. Pour rien. »

Dans un des salons du XVIIIe triomphant – celui de Madame du Deffand peut-être, ou de Madame de Tencin ? –, la maîtresse de maison ou une de ses amies demande au futur cardinal de Bernis, encore très jeune et déjà recherché pour son esprit, une définition de l'amour. Bernis répond à la dame, dont il est amoureux en secret :

L'amour est mon berger, mon maître.
Il est aussi celui du valet et du roi.
Il a vos yeux, il a ma voix,
Mais il est plus hardi peut-être.

Horace, Catulle, Ronsard, Racine, Byron, Shelley, Keats, Musset, Baudelaire, Apollinaire, bien d'autres sont les poètes de l'amour. Choderlos de Laclos, Benjamin Constant, Stendhal, Manzoni, Proust et tant d'autres sont les romanciers de l'amour. Il n'y a pas de poésie, il n'y a pas de littérature, il n'y a pas d'art sans amour.

Grand ou petit, l'écran n'est rien d'autre qu'une inlassable histoire d'amour qui permet à Ingrid Bergman et à Cary Grant d'échanger dans *Notorious* d'Alfred Hitchcock – en français : *Les Enchaînés* – le plus long baiser de l'histoire du cinéma. À qui le priait de jouer un morceau de musique, Mozart répliquait : « Dis-moi d'abord que tu m'aimes. » La sculpture, c'est des corps d'hommes et de femmes qui nous parlent d'amour. Au-delà de quelques pommes et de plusieurs couchers de soleil, la peinture, avant l'abstraction, c'est avant tout le Christ en gloire ou souffrant qu'il s'agit d'adorer et la Vierge entourée de saints que nous sommes invités à aimer. La littérature, c'est l'amour, encore l'amour, toujours l'amour. On trouverait sans doute des livres et même des écrivains indifférents à l'amour. Mais bien peu. La poésie, le théâtre, le roman avec une évidence qui commence à lasser tournent autour de l'amour et se confondent avec lui.

On pourrait imaginer une sorte de saynète à l'usage des enfants des écoles ou une moralité dans le style du Moyen Âge. Aragon ouvrirait le bal et donnerait le ton général :

Je suis plein du silence assourdissant d'aimer.

Hugo entrerait au plus vite dans le vif du sujet :

Elle était déchaussée, elle était décoiffée,
Assise, les pieds nus, parmi les joncs penchants ;
Moi qui passais par là, je crus voir une fée,
Et je lui dis : Veux-tu t'en venir dans les champs ?

Elle me regarda de ce regard suprême
Qui reste à la beauté quand nous en triomphons,
Et je lui dis : Veux-tu, c'est le mois où l'on aime,
Veux-tu nous en aller sous les arbres profonds ?

. . . .

Elle défit sa ceinture
Elle défit son corset

Puis, troublée à mes tendresses,
Rougissante à mes transports,
Dénouant ses blondes tresses,
Elle me dit : Viens ! Alors…

– Ô Dieu ! joie, extase, ivresse,
Exquise beauté du corps !
J'inondais de mes caresses
Tous ces purs et doux trésors

D'où jaillissent tant de flammes.
Trésors ! Au divin séjour
Si vous manquez à nos âmes,
Le ciel ne vaut pas l'amour.

Tristan et Yseult apparaîtraient soudain juste à temps pour nous mettre en garde contre les séductions de l'amour. À peine ont-ils bu le philtre qu'ils prennent pour du vin et qui va les enchaîner pour toujours l'un à l'autre que le narrateur s'écrie :

Non, ce n'était pas du vin, c'était la passion, c'était l'âpre joie et l'angoisse sans fin et la mort.

L'amour et la mort. Éros et Thanatos. Qu'y a-t-il d'autre ? Nous naissons et nous mourons. Entre la naissance et la mort, presque rien. Nous prenons le métro, nous bâtissons des empires, nous essayons de survivre, nous écrivons *La Divine Comédie*, nous nous jetons dans la mer, dans les plaisirs et dans la vanité. Et nous faisons l'amour pour lutter contre la mort et la disparition. Comme la pensée, comme le mal, comme le bonheur, la beauté et la justice, l'amour n'a de sens que par et pour les hommes. Il est incarnation.

Depuis deux millénaires – un temps si long, un temps si court –, l'amour est au cœur d'une religion qui fait descendre Dieu parmi les hommes. Le christianisme va assez loin dans le culte de l'amour – de l'amour de Dieu et de l'amour des hommes : « Aimez-vous les uns les autres » et « *Ama et fac quod vis*. Aime et fais ce que tu veux » et « Ce que vous aurez fait aux plus petits de nos frères, c'est à moi que vous l'aurez fait » et « Le royaume de Dieu est parmi vous ». Dans la religion du Christ, l'amour des hommes traduit et reflète l'amour de Dieu. Il est un autre nom de l'amour de Dieu.

Dieu

Il nous reste cinq minutes. Nous pourrions aborder le problème de Dieu. » La phrase en forme de provocation lancée par mon maître Jean Wahl à la fin d'un de ses cours il y a déjà de longues années m'est soudain revenue à l'esprit. Il nous reste quelques pages. Nous pourrions peut-être, nous aussi, parler un peu de Dieu. Avec humilité. Avec respect. Dans la crainte et le tremblement. Après lecture d'un de mes livres, vers la fin du siècle dernier, une dame inconnue et âgée m'avait écrit une lettre dont je me souviens encore : « On ne parle pas *de* Dieu. On parle *à* Dieu. »

Parler du temps était imprudent. Parler de la vérité n'était pas loin de l'imposture. Parler de la pensée n'avait rien de raisonnable. Parler de Dieu est une faute et une erreur. Dieu est ce qu'il y a avant, ou après, ou plutôt en dehors de cet espace et de ce temps qui sont les cadres de la pensée. Il est au-delà de notre pensée débile et de notre monde éphémère.

Qu'y a-t-il au-delà de cet univers dont notre pensée tente en vain de percer le secret ? Aux yeux au moins des hommes, au regard de ce monde, il n'y a rien. Dieu est ce rien qui, bien sûr, est aussi le tout. Puisque, avant et après l'espace et le temps, avant l'explosion primitive et le mur qui nous dérobe sa cause, après la mort pour chacun d'entre nous, le tout et le rien se confondent et sont indiscernables. Dans les premières pages de ce bref manuel avait déjà apparu l'hypothèse d'un Dieu tirant et ne cessant jamais de tirer le monde de rien, c'est-à-dire de lui-même – qui est tout.

Écoutons une fois de plus la belle prière de saint Grégoire de Naziance :

Ô toi, l'au-delà de tout,
Comment t'appeler d'un autre nom ?
Quelle hymne pourra te chanter ?
Aucun mot ne t'exprime.

Quel esprit pourra te saisir?

Tu es au-delà de toute intelligence.
Seul, tu es indicible
Car tout ce qui se dit est sorti de toi.
Seul, tu es inconnaissable
Car toute connaissance est sortie de toi.

De tous les êtres tu es la fin.
Tu es unique.
Tu es chacun et tu n'es personne.
Tu n'es pas un seul être
Et tu n'es pas l'ensemble de tous les êtres.

Tu as tous les noms.
Comment t'appellerai-je,
Toi, le seul qu'on ne puisse nommer?
Ô toi, l'au-delà de tout,
Comment t'appeler d'un autre nom?

Indicible, ineffable, innommé, inconnaissable, se confondant avec le rien, Dieu est toujours absent. Il n'intervient jamais dans nos affaires publiques ou privées. Il n'est pas, selon une formule mensongère et célèbre, du côté des plus gros bataillons : il n'est d'aucun côté. Il ne prend pas part à nos batailles. Puisque, dans les limites dont nous avons déjà parlé, les hommes sont libres de leurs choix, le plus sage dans la vie de chaque jour, même pour ceux qui croient en lui, est de toujours agir comme s'il n'existait pas.

L'homme ne peut rien faire de Dieu sinon se taire et l'adorer – ou alors le combattre et le dénoncer. Ce chapitre sur Dieu devrait être le plus long de tous, ou plutôt infiniment long, et le plus court de tous, ou plutôt infiniment court. Infiniment long parce que Dieu suscite, pour ou contre, les passions les plus violentes. Infiniment court parce qu'il est inutile de parler de lui s'il n'existe pas et impossible de parler de lui s'il existe.

Dieu existe-t-il ? Le débat ne sera jamais tranché, et il ne sera jamais clos. Des arguments sans fin ont été échangés entre partisans et adversaires de l'existence de Dieu. On dirait que Dieu – ou son ennemi et rival, le hasard organisateur – a veillé avec soin à la fragilité de toute décision et au triomphe de l'incertitude. Tout choix, dans un sens ou dans l'autre, comporte une part d'arbitraire.

Ceux qui croient à Dieu ont beaucoup de chance. Leur vie devient une lumière et une fête. Tout leur est gratitude et admiration. Leurs bonheurs sont heureux parce qu'ils annoncent un autre bonheur plus sûr que tous les autres. Jusqu'à leurs souffrances qui prennent un sens – caché, bien entendu – pour devenir plus supportables. Leurs malheurs sont une promesse. L'amour de Dieu donne aux croyants la force qui soulève les montagnes. Dans les deux sens des mots : l'amour de Dieu qui descend de Dieu sur les hommes, l'amour de Dieu qui monte des hommes vers Dieu.

Cet amour est si fort, parfois si dévastateur, que le monde, pour les croyants, finit par ne plus compter au regard de l'éternité qui leur est assurée. Au nom de cet amour et pour lui, ils donnent leur vie avec joie. Les uns, dans la bienveillance pour leurs semblables, sont des victimes de la violence et des saints pour les leurs. Les autres, dans la violence et dans la haine pour les hommes, sont des assassins et des héros pour les leurs. Rien n'est plus redoutable que de prêter à Dieu les passions et les motifs d'action que nous nous sommes forgés nous-mêmes.

Nous savons déjà que l'enseignement du Christ unit l'amour des hommes à l'amour de Dieu. Les chrétiens vont jusqu'à croire que leur Dieu se fait homme. Non pour jouir de la vie, pour s'enivrer comme Dionysos, pour se mesurer aux vivants comme Apollon, pour séduire les créatures à la façon de Krishna ou de Zeus, mais pour partager de bout en bout les souffrances des hommes et la mort. Pour ceux qui ne croient pas au Christ, un homme se prend pour Dieu quelque part dans l'espace et le temps. Pour ceux qui croient au Christ, Dieu se change en homme quelque part dans l'espace et le temps. Aux yeux des disciples du Galiléen, la justice, la beauté, la vérité, l'amour sont incarnation parce que Dieu lui-même est incarnation.

Les chrétiens ont deux convictions, et peut-être seulement deux. Ils croient à Dieu comme source et comme sens de l'univers. Et ils croient à un homme nommé Jésus en qui leur Dieu s'est incarné et qui enseigne conjointement l'amour de Dieu et l'amour des hommes. Puisque Dieu a choisi, dans sa puissance et dans sa gloire, de prendre visage humain, un peu de la dignité divine est descendue sur ses créatures. Dieu se confond avec l'homme. L'homme se rapproche de Dieu. Le christianisme est une théologie, mais il est aussi un humanisme.

Le catholicisme – auquel j'appartiens, ou prétends appartenir – s'efforce, sous l'autorité de l'Église et des papes, d'unir, tâche difficile et proprement infinie, une tradition deux fois millénaire – ce qui est beaucoup et très peu – à un souci de renouvellement et à une attention croissante à la marche de l'histoire.

Des premiers conciles traités ouvertement de « brigandages » par leurs contemporains à l'Inquisition et à la persécution des juifs, des hérétiques, des Albigeois, des protestants, de la légende de la papesse Jeanne à la simonie, à la violence, aux crimes et aux aventures rocambolesques des Borgia, l'histoire de l'Église et de la papauté, qui compte autant d'épisodes consternants et sinistres que de pages de générosité et de gloire, a été l'objet de critiques véhémentes et souvent justifiées. L'Église est composée de créatures soumises, comme toutes les créatures, au hasard, aux tentations, à la médiocrité, à l'orgueil, à l'erreur. Elle a donné des exemples innombrables de faiblesse et d'indignité. Des preuves innombrables aussi de grandeur et de magnificence. De la chapelle Sixtine au *Miserere* d'Allegri, des églises romanes et des cathédrales gothiques aux cantates de Bach et à tant de gloria et de requiem, des fresques et des diptyques sans nombre aux milliers d'annonciations et de crucifixions, la peinture, la sculpture, l'architecture, la musique, tous les arts doivent beaucoup à la foi chrétienne et plus particulièrement à l'Église catholique. Et de tous les enseignements qui ont été prodigués tout au long de l'histoire, c'est la doctrine de Jésus qui a agi avec le plus de force, de bonheur et de continuité sur l'esprit et le cœur des hommes.

Personne n'a jamais rien su de Dieu, personne n'en saura jamais rien. Tout ce que nous pouvons faire c'est *croire* qu'il existe, d'une façon ou d'une autre. « Croire » est un mot bien faible dont toute certitude et tout savoir sont exclus. « Espérer » est plus fort. En ce qui concerne ce Dieu inconnu dont nous ne pouvons rien savoir et dont il n'est pas permis de parler, croire se résume peut-être à espérer.

Jésus, lui, a vécu parmi les hommes, dans l'espace et dans le temps, et chacun peut le connaître et l'aimer. J'aime et j'admire Jésus, ses paroles, son action. Et j'espère qu'il y a un Dieu.

Si exister signifie être entré dans ce monde passager et quadrillé que nous appelons réalité et qui n'est peut-être qu'un long rêve, une illusion continue et cohérente, Jésus *existe*. Dieu n'*existe* pas. Il est plus proche d'une pensée sans limites, d'un esprit universel, d'une équation mathématique exhaustive et impossible que de ces hommes et de ces femmes auxquels il a permis d'exister et qui n'existent que par lui. Il n'existe pas : il est. Et comme la justice, la beauté, la vérité, l'amour, il s'est incarné parmi les hommes.

De cette justice, de cette beauté, de cette vérité, de cet amour, nous ne connaissons que des reflets, des traces, des fragments. Ce qu'il y a de plus grand, de plus beau, de plus vrai dans notre monde imparfait et voué à disparaître vient d'ailleurs et de plus haut. Platon avec ses Idées, saint Augustin, Descartes, Leibniz, Kant, Kierkegaard, Bergson, Teilhard de Chardin, d'une certaine façon Heidegger ne nous enseignent rien d'autre. C'est cette origine, dissimulée à nos sens et à notre pensée, que les philosophes appellent la transcendance. Disons-le sans fard. Ne tournons pas autour du pot. Je crois à une transcendance que nous avons le droit et l'habitude d'appeler Dieu et qui donne enfin un sens à l'univers et à notre vie.

Dieu est invraisemblable. Mais il n'est pas plus invraisemblable que cet univers qui nous paraît si évident et qui n'en finit pas de me remplir de stupeur et d'admiration. Tout est mystère autour de nous, à commencer par cet espace dont l'expansion se poursuit sous nos yeux et par ce temps dont nous ne savons rien. Avec sa rigueur et sa beauté, avec cet élan perpétuel vers quelque chose d'inconnu, avec notre passé qui, comme Dieu, est à la fois là, quelque part, et toujours dans l'absence, le monde n'est que mystère. Un mystère sans avenir et qui ne fait que passer. Dieu aussi est un mystère. Un mystère à jamais. Un mystère qui ne passe pas.

Confondu, dans notre misère, à la fois avec ce que nous appelons le tout et avec ce que nous appelons le rien, Dieu est un mystère lumineux qui prend sur lui tous les mystères et toutes les souffrances des hommes pour les changer en espérance. Qu'il *existe*, comme on dit, ou qu'il n'existe pas, loin au-dessus – et pourtant tout proche – de chacun d'entre nous et d'un univers en sursis où ne règne rien d'autre, au loin, qu'une mort qui finira bien par détruire tout ce qui aura existé, Dieu, absent et présent, est notre unique espérance. Et, en vérité, dans la beauté, dans la joie, dans la justice, dans l'amour, la seule réalité.

Un hosanna sans fin

« Ils ne voient pas, ces fous,
la mort, la Parque ténébreuse,
qui vient les ensevelir. »

Homère

« Il n'y a que le temps de ma vie
qui me fait différent
de ce qui ne fut jamais. »

Bossuet

Avertissement

EN JUIN 2017, mon père était heureux. L'été approchait. Et avec lui les montagnes de framboises nappées de sucre glace, les bains de mer et les promenades pieds nus sur le sentier des douaniers à la pointe de la Mortella. Il venait d'achever *Et moi, je vis toujours* (paru début 2018, aux éditions Gallimard). Et surtout, venait de commencer son trente-huitième livre. Retrouver le plaisir d'écrire, en avoir la force à quatre-vingt-douze ans, l'émerveillait. L'idée de clore, en dépit de la maladie, la trilogie commencée par *Comme un chant d'espérance* et poursuivie par *Guide des égarés* l'enchantait.

Au fil des six mois suivants, de juin à décembre, le manuscrit allait, pour sa plus grande joie, se déployer de feuille en feuille, noircies au feutre bleu, d'une écriture affirmée, puis plus tremblante à l'automne finissant.

Mon père écrivait à l'ancienne, à la main. Il ne possédait ni ordinateur ni machine à écrire. Toutes les semaines, il confiait quelques pages à dactylographier. Et la semaine suivante, au retour du texte saisi, il le relisait scrupuleusement, en regard de l'original, s'assurant que son écriture avait été correctement déchiffrée, puis retouchait, peignait chaque ligne. Il renvoyait ensuite la mouture corrigée pour une nouvelle saisie. Et ainsi de suite, à chaque livraison, reprenait la relecture depuis la première phrase. Cent fois sur le métier il remettait l'ouvrage. De sorte que, de mois en mois, il polissait son texte, selon un processus de maturation lente, par couches successives. Il vérifiait ponctuation, typographie, dates, œuvres citées et pesait chaque mot avec un soin jaloux, tout en poursuivant parallèlement la rédaction du livre. Puis, une fois le point final apposé, laissait reposer, avant de reprendre des mois durant le tapuscrit, pour traquer l'ultime scorie, pour débusquer l'incohérence. Le dernier mot couché sur le papier annonçait un travail qui pouvait encore prendre des mois.

Le dimanche 3 décembre, mon père confia la fin d'*Un hosanna sans fin* à la jeune femme qui tapait son texte. Sa mort, le 5 décembre, lui interdira de relire les derniers feuillets, comme il avait coutume de le faire. Au-delà de cette absence de relecture, *Un hosanna sans fin* n'a pas bénéficié de ce passage au tamis méthodique, de cette vigilance à la virgule près, dont ont profité les trente-sept livres précédents.

Ce livre, mon père l'a donc achevé, mais pas fini. Ou fini, mais pas achevé.

Lumineux, épuré, il renferme quelques répétitions et imprécisions qu'il aurait, sans nul doute, rectifiées ou gommées. J'ai pris le parti d'éditer très exactement son texte, en l'état. Sans escamoter telle phrase au parfum d'inachèvement, sans chercher à clarifier un concept ébauché. M'interdisant toute intervention. Cela n'aurait pas été juste.

Il ne fallait rien truquer. Seulement expliquer les circonstances de la rédaction de ce texte posthume.

La saveur en est, selon moi, intacte, et ces rares imperfections n'entament en rien la clarté étonnante de cet hosanna sans fin, son testament.

Héloïse d'Ormesson

1

GRÂCE À DIEU, je vais mourir. Comme tout le monde. Comme vous. Avant vous, sans doute : ma vie est déjà longue, j'approche du bout du chemin. Mais rien de plus capricieux que cette mort si certaine. Il n'est pas interdit à un lecteur ou à une lectrice en parfaite santé et beaucoup plus jeune que l'auteur de disparaître avant lui. L'histoire est imprévisible. Ce qu'il faut dire avec force dès le début de ce petit livre, c'est que personne n'est sûr de rien.

Il n'y a que deux choses de sûres parmi tant de choses possibles et douteuses. La première : nous sommes nés. La seconde : nous mourrons. Inutile, si nous vivons, d'espérer échapper à la mort. Nous mourons parce que nous vivons. « J'entre dans la vie, écrit Bossuet, avec la loi d'en sortir. »

2

NOUS MOURONS, c'est tout simple, parce que nous avons vécu. Mais pourquoi diable naissons-nous ? Notre arrivée dans ce monde est-elle vraiment nécessaire ? Est-elle même très utile ? Est-elle prévue de toute éternité ou relève-t-elle du hasard ? Il y a une loi qui nous contraint à mourir au terme de notre vie. Y a-t-il une loi, au début, qui nous contraindrait à vivre ?

Autant que toute mort, et peut-être plus encore, toute naissance est une énigme.

3

PERSONNE NE NOUS A DEMANDÉ, ni à vous, ni à moi, ni à aucun être vivant, si nous souhaitions passer quelque chose comme un long week-end sur une des huit planètes qui tournent autour de notre Soleil. Vous m'avouerez que c'est violent. Notre vie ne nous appartient pas. Nous ne l'avons ni voulue, ni choisie, ni même acceptée. Elle nous est donnée – ou plutôt prêtée – de force. Elle nous est fourguée en usufruit. Ou peut-être imposée.

Tout est réglé et décidé sans nous. Charmant. Nous ne sommes pour rien dans notre entrée sur la scène de la vie. Jusqu'à présent au moins, il suffisait à un homme et une femme de se livrer, c'est leur affaire, mais en tout cas à notre insu, à ces jeux que nous connaissons tous et que nous n'imaginons pas volontiers quand il s'agit de nos parents. Et puis, voilà, quelle drôle d'idée, on aurait pu s'en passer, nous sommes nés. C'est comme ça.

Nous sommes peut-être, en partie, responsables de notre vie. Il peut nous arriver d'être responsables, sinon de notre mort, du moins de la date de notre mort. Nous ne sommes jamais responsables de notre naissance. Comme l'ont déjà chanté sur tous les tons, à trois mille ans de distance, l'Ecclésiaste – « Vanité des vanités, tout est vanité!... » – et l'Œdipe de Sophocle – « Ne pas naître, voilà ce qui vaut mieux que tout, ou encore, venu au jour, retourner au plus vite d'où l'on vient... » – et Cioran – « Les enfants que je n'ai pas eus ne savent pas tout ce qu'ils me doivent » –, qui se désolent tous les trois d'être nés et qui répugnent tous les trois à fournir de nouvelles recrues à cette vie qu'ils n'aiment pas, ce que nous sommes d'abord, c'est des victimes. Les victimes d'un sort – vivre et mourir – que nous n'avons pas choisi et qui nous est imposé.

4

NAÎTRE AUJOURD'HUI est très différent de naître hier. Et naître demain sera plus différent encore. Au début du XIXe siècle, en France, un des pays alors les plus avancés, la durée de vie d'une femme est, en moyenne, de trente ans. Et la population de la planète n'atteint pas un milliard. Deux cents ans plus tard, tout le monde le sait, nous sommes bien plus nombreux, nous vivons beaucoup plus vieux et nous mourons moins souvent en naissant.

Nous sommes aujourd'hui sur cette planète insignifiante – et grâce à nous triomphante – entre sept et huit milliards. Il y a deux mille ans, aux débuts du christianisme, la population du globe s'élevait à deux cent cinquante millions d'individus. Quatre ou cinq cents ans plus tôt, à l'époque de Périclès, de Platon, de Sophocle, de Phidias, le chiffre n'atteignait que cent cinquante millions. Cent millions de moins. Sept milliards de moins que de nos jours.

Plus vous remontez dans le temps, plus le nombre des hommes diminue. Il tombe très vite au-dessous des cent millions et bientôt au-dessous du million. Il y a une période de notre histoire où nos ancêtres ne sont que quelques dizaines de millions ou même quelques milliers. Le premier milliard est atteint au XIXe. C'est à partir de là que la machine s'emballe et grimpe de six milliards en à peine plus d'un siècle. La science est passée par là. Elle n'a pas fini de faire parler d'elle et en bien et en mal.

5

VOUS VOILÀ NÉ. Pour mourir. En attendant, il faut bien vivre.

Vivre est une occupation de tous les instants. Une expérience du plus vif intérêt. Une aventure unique. Le plus réussi des romans. Souvent un emmerdement. Trop souvent une souffrance. Parfois, pourquoi pas ? une chance et une grâce. Toujours une surprise et un étonnement à qui il arrive de se changer en stupeur.

6

VIVRE A SES LIMITES. Contrairement à ce que soutenait, au lendemain de la Seconde Guerre, un philosophe du nom de Sartre, qui a connu son heure de gloire mais est aujourd'hui bien oublié, nous ne sommes pas « libres de part en part ». Nous ne sommes ni des dieux ni même des demi-dieux. Nous sommes des primates qui ont reçu – par quel miracle ?... – un don qui laisse pantois : ils pensent.

Nous sommes très loin d'être tout-puissants. Nous ne pouvons pas être un autre, remonter le temps, voler dans les airs à la façon d'Athéna ou d'Hermès dans l'*Iliade* et l'*Odyssée*, refuser d'être nés, éviter de mourir. Mais ce qu'il y a d'excitant dans une vie, si brève, si terne soit-elle, c'est que presque tout le reste est permis aux vivants.

7

VOUS POUVEZ DEVENIR un saint, un héros, une crapule, un lâche. Les exemples ne manquent pas. Vous pouvez gagner le gros lot – il y a bien quelqu'un pour le gagner – à la loterie de Babylone, découvrir la distance de la Terre à la Lune ou la gravitation universelle, grimper sur l'Everest, descendre au fond des mers, inventer la roue, l'écriture ou un grille-pain, attraper le cancer, le sida, les oreillons, sortir du Plaza ou du Pierre, à New York, les mains dans les poches, rater une marche et vous tuer, être renversé par le 43, à Paris, du côté des Invalides, et finir à Cochin ou à Lariboisière, s'il y a encore de la place. Vous pouvez – ça s'est vu – faire la révolution, bouleverser les mathématiques, écrire les *Mémoires d'outre-tombe* ou *À la recherche du temps perdu*, conquérir l'Asie jusqu'à l'Indus, édifier le Taj Mahal ou le temple d'Abou Simbel, peindre *Le Songe de Constantin*. Oui, vous le pouvez.

Ah! bien sûr, c'est douteux. Parce que rien n'est sûr, rien n'est nécessaire, tout est contingent dans le monde où nous vivons et où règne le temps. Tout y est accidentel, passager, inutile, condamné d'avance par la seule réalité, la seule nécessité à qui rien ni personne n'échappe: la fin, l'oubli, la disparition, la mort.

8

N'ALLEZ SURTOUT PAS IMAGINER qu'emportés par le temps, menacés par la mort, rongés par l'incertitude, ce monde et cette vie soient un enfer sur terre. Très loin de là : ils sont un rêve et un délice.

Nous sommes quelques-uns, de très grands et moi-même, à les avoir chantés. « *Wie es auch sei*, écrit Goethe, *das Leben ist gut.* » Quelle qu'elle soit, la vie est belle.

Si longue, si cruelle, si misérable qu'elle puisse sembler, elle est toujours trop courte. Nous passons beaucoup de notre temps à nous plaindre, nous gémissons sur notre sort, il nous arrive plus d'une fois de détester et de maudire l'existence et – sauf exceptions dues à l'amour, au devoir, à la passion, à l'idée que nous nous faisons de nous-mêmes – nous y sommes attachés plus qu'à personne et à rien.

Dans le bonheur, dans le plaisir, dans l'amour, la vie est une bénédiction. Même sombre, même désespérée, elle est une malédiction dont il est dur et le plus souvent presque impossible de se séparer. Ce que nous quittons, nous le savons, ou nous croyons le savoir. Mais ce qui nous attend, nous l'ignorons. L'angoisse s'empare de nous parce que, tôt ou tard, nous entrerons dans l'inconnu.

9

DEPUIS QUE LES HOMMES sont hommes, ils se demandent ce qui les attend après la mort. C'est peut-être même cette interrogation qui distingue les êtres humains du reste du monde vivant. Du *Rig-Veda* des hindous au *Gilgamesh* des Mésopotamiens, du *Livre des morts* des Égyptiens à Platon, à Plotin, à Thomas d'Aquin, du Coran et de Bossuet à Karl Marx, à Engels, à Feuerbach, et des danses macabres de nos églises et de nos fresques à Péguy et à Claudel, l'idée de la mort, son spectre, sa représentation ont suscité au cours des millénaires d'innombrables travaux où se mêlent crainte et espérance, recherche de la vérité et intolérance, imagination et raison.

Tout peut être envisagé pour combattre l'angoisse engendrée par notre vie, par notre mort, par notre destin et pour répondre à des questions souvent à peine formulées. Il n'est pas impossible que, loin de présenter ce caractère de réalité solide et durable que nous lui prêtons volontiers, le monde et la vie ne soient qu'une illusion, un long songe collectif, continu et plus ou moins cohérent. Nous faisons tous, la nuit, des rêves où ne manquent ni le doute, ni l'ironie, ni les sentiments les plus sophistiqués, ni les passions les plus violentes, ni surtout une formidable impression de réalité. Il nous arrive même de rêver que nous nous réveillons de notre rêve pour entrer dans une réalité apparente qui est encore un rêve. Peut-être la vie n'est-elle que le dernier état d'une série d'illusions successives qui s'enchaîneraient les unes aux autres ? La mort serait alors une espèce de réveil, définitif cette fois, chargé de mettre fin à une vie qui ne serait qu'un songe. Peut-être, au contraire, ce monde et cette vie terminée par la mort constituent-ils la seule réalité ? Toutes les opinions, toutes les théories les plus contradictoires ont été avancées et défendues.

Pour dire très vite des choses très obscures, la mort nous fait entrer, selon nos convictions, soit dans le néant, soit dans un nouvel enchaînement d'aventures et d'illusions, soit dans un séjour d'harmonie, de paix, d'éternité bien difficile à imaginer pour des créatures plongées dans le temps.

10

LA PLUS SIMPLE DE CES HYPOTHÈSES est évidemment celle qui nous renvoie au néant. Nous sortons de la vie pour revenir à un état qui était le nôtre de toute éternité et dont nous sommes sortis pour entrer dans la vie par la porte étroite du hasard de la naissance. Dans cet état sans couleurs et sans formes d'avant la naissance et d'après la mort règnent le vide, l'abolition du temps, le rien, un silence éternel, l'absence de toutes ces images qui nous ont tant occupés tout au long de la vie. Ni avant notre naissance, ni pendant une vie qui est notre seul trésor, ni après la mort, aucune réalité, aucune espérance extérieure à cette seule vie.

Où étions-nous avant de naître? Rien de plus simple: nulle part. Où serons-nous après notre mort ? Rien de plus clair : là où, dans le silence et dans la paix de l'éternité, nous étions avant de naître. C'est-à-dire, à nouveau, nulle part.

11

Cinq cents ans avant le Christ, un peu plus d'un millénaire avant Mahomet, l'idée hindouiste d'une migration des âmes dans des corps successifs est reprise et défendue avec force, dans le nord des Indes, non loin de l'Himalaya, par une des grandes figures de l'histoire des hommes, un membre de la tribu des Çakya, Siddhartha Gautama, plus souvent appelé le Bouddha.

Connue sous le nom un peu vague et passe-partout de métempsycose, la thèse de la migration des âmes dans des corps différents – il y a moins d'âmes que de corps – se retrouve ici ou là, en Asie et dans le monde grec, chez Pythagore, par exemple. Mais c'est dans l'hindouisme, puis dans le bouddhisme, qu'elle prend sa forme la plus parfaite.

La thèse de la migration des âmes finit, elle aussi, comme pour les partisans du néant mais différemment, par aboutir à une constatation et à une volonté d'effacement. Ce monde est une illusion cruelle à laquelle seuls l'oubli de soi-même, la compassion, le retrait au bénéfice des autres peuvent apporter une réponse et une solution. À la fin de chaque vie, l'âme passe dans un nouveau corps – d'être humain ou d'animal, éléphant ou moucheron – avec son lot de bienfaits et de bassesses. C'est ce fardeau voyageur que les hindouistes appellent le *karma*. D'incarnation en incarnation, l'âme s'abaisse et s'enfonce ou s'élève et se purifie jusqu'à une extinction finale – le *nirvāna* – qui est le but suprême.

12

PLUS FAMILIÈRE peut-être pour des esprits occidentaux, plus optimiste et consolatrice, mais aussi peu vraisemblable aux yeux de ses adversaires, la dernière hypothèse, liée à un monothéisme qui apparaît assez tard, est celle d'un autre monde, souvent appelé enfer ou paradis, où les morts, entrés enfin dans la beauté, dans la justice et dans la vérité, recevraient le salaire de leur stage ici-bas et de leur comportement dans le dédale de ce songe précaire, éphémère et toujours menacé que nous avons l'audace d'appeler réalité.

Opposés sur bien des points, chrétiens – catholiques, protestants, orthodoxes… – et musulmans – sunnites et chiites – partagent une même conviction : meilleure et plus belle, il y a une autre réalité que celle où nous vivons.

13

La vérité est que nous ne savons rien de notre destin dans ce monde et dans cette vie qui, songe ou réalité, nous paraissent l'évidence même. Il faut toujours se méfier de la trompeuse évidence. Nous ne savons ni d'où nous venons, ni pourquoi nous sommes là, ni surtout ce que nous allons devenir dans un avenir plus ou moins proche, mais en tout cas inéluctable.

Il n'y a pas d'autre question que celle-là. Nous multiplions les occasions de l'oublier, de la nier, de la camoufler sous des torrents d'inutilité. Mais, de siècle en siècle, génération après génération, elle revient avec obstination.

14

La mort n'est pas seulement le but de toute vie. Sous forme d'angoisse et d'ignorance, elle est aussi mêlée à toutes nos manifestations sur cette planète improbable. Toujours contournée avec soin, elle est au cœur de l'art, de la science, de toute littérature, de toute philosophie.

Quand Socrate affirme qu'il ne sait rien, il se moque de nous. Socrate sait tout ce qu'il est possible de savoir de son temps. Il connaît Héraclite et Parménide, qui sont les penseurs presque officiels, les intellectuels de cette époque. Il n'ignore rien de l'histoire d'Athènes et de la Grèce. Il ne sous-estime pas les dangers qui menacent sa ville. Comme Platon et Aristote un peu plus tard, il est tout à fait au courant de la politique de son temps, qui finira d'ailleurs par avoir sa peau. Ce qu'il ignore, comme tout le monde, c'est son destin. Il croit que l'âme ne meurt pas avec le corps – mais, franchement, il n'en sait rien.

On pourrait en dire autant de Montaigne et de son fameux « Que sais-je ? ». Il sait tout. De son époque qu'il passe au crible, de l'histoire des hommes, des Grecs, des Romains qu'il ne cesse de citer. Ce qu'il ne sait pas, c'est l'essentiel : ce qu'il est venu faire dans ce monde et ce qu'il deviendra en en sortant.

Dans son *Sermon sur la mort*, Bossuet dénonce avec véhémence tout ce qu'il y a de volontaire dans ce silence sur la mort dont font preuve les vivants : « On n'entend dans les funérailles que des cris d'étonnement de ce que ce mortel est mort. »

Le génie de Pascal élève encore le débat. Il est le premier à constater et à enseigner que nous inventons toutes les sortes possibles de divertissement, des plus basses aux plus hautes – l'amour, le savoir, l'art, la beauté, le pouvoir, le travail, l'argent, le sport, les jeux, les vertiges et les risques de toute espèce... – pour ne surtout pas penser au seul problème qui vaille : celui de la mort et de notre destin dans l'éternité.

15

CE QU'IL Y A DE PLUS FRAPPANT dans l'affaire, c'est que, sur ce seul point, personne n'en sait plus que les autres. Imbéciles et génies, puissants et déshérités, savants et ignorants sont enfermés dans la même impasse.

Tout oppose ceux qui ont tout et ceux qui n'ont rien, ceux qui savent et ceux qui ne savent pas. À une seule exception près : ni les uns, qui savent et comprennent tout, ni les autres, qui ne savent et ne comprennent rien, n'ont la moindre idée de ce qui les attend pour toujours – pour toujours !... ou du moins pour toujours hors du temps... – dans vingt ans, dans dix ans, la semaine prochaine peut-être, et peut-être demain. Nous passons notre vie un bandeau sur les yeux. Nous sommes abandonnés. Et nous ne savons ni pourquoi ni par qui – et peut-être par personne.

16

Dans le désarroi qui est le nôtre depuis des millénaires, il y a pourtant désormais quelque chose de neuf, de nature à nous réconforter et à nous apporter consolation et espérance : la science.

Née en Grèce, comme chacun sait, après des tentatives et des balbutiements en Asie, et notamment en Mésopotamie, la science a connu depuis trois siècles un développement prodigieux. Et depuis cent ou cent vingt ans, héritière des conquérants, des grands esprits, des géants de l'art, sa puissance domine notre temps.

Sur le monde autour de nous, sur notre passé le plus lointain, sur nous-mêmes, sur la nature des choses surtout, nous en savons de plus en plus. Appuyée sur ce langage chiffré appelé mathématique, une fonction de la pensée, c'est-à-dire de notre cerveau, a permis à la science de fournir des réponses à une masse impressionnante de questions. Qu'il s'agisse de l'histoire et de la structure de l'univers ou du fonctionnement du corps humain, un enfant de sept ans en sait plus aujourd'hui que Platon ou Aristote, que Spinoza, que Hegel.

La science règne. Elle s'impose. Si longtemps illustrée, de Thucydide et Tacite à Gibbon et Michelet, par de grands artistes, l'histoire est devenue une science. Encore moquée par Molière, la médecine est devenue une science. La biologie, la sociologie, la psychologie, tant d'autres disciplines sont devenues, ou aspirent à devenir, des sciences. Ne cessant de changer elle-même, la science a changé le monde.

17

LE FEU, L'AGRICULTURE, la roue, l'écriture, le monothéisme, l'imprimerie : l'histoire a toujours changé. Mais elle changeait lentement. L'avenir était connu d'avance : familier, un peu ennuyeux, aussi dur que le présent, souvent désespérant et pourtant accepté. Demain ressemblait à hier.

Autour des deux guerres mondiales, en revanche, et dans la seconde moitié du XXe siècle, les choses, le savoir, les mœurs, les croyances ont changé si vite et si radicalement que les boussoles sont devenues folles et que beaucoup de têtes ont tourné. Succédant aux philosophes, aux peintres, aux théologiens, aux romanciers, des mathématiciens, des physiciens, des astronomes de génie, parmi lesquels Planck, Einstein, Gödel, Hubble,

Bohr, Heisenberg, Broglie et tant d'autres, ont puissamment contribué à bouleverser l'image du monde et, du même coup, les esprits. Aussi riches de conséquences que les révolutions politiques ou sociales, les révolutions intellectuelles et techniques successives – le transformisme, le train, l'électricité, l'automobile, l'avion, la radio, la télévision, la relativité, l'indéterminisme, le nucléaire, l'électronique, le numérique et cette fameuse révolution quantique qui faisait dire à Niels Bohr : « Si vous croyez avoir compris la pensée quantique, c'est que vous ne l'avez pas comprise », ont modifié de fond en comble nos façons de penser.

18

LA SCIENCE EST LA CLÉ du monde nouveau. En même temps qu'elle se compliquait, elle nous cernait de plus en plus près. Longtemps abstraite, lointaine, indifférente au grand nombre, elle s'est changée, pour tous, presque du jour au lendemain, en une espérance mêlée d'effroi. Notre vie de chaque jour est envahie par la technique, fille de la science. Ce qu'il y a eu de plus décisif tant dans l'histoire personnelle de chacun d'entre nous que dans l'histoire du monde depuis une centaine d'années, ce sont les progrès de la science. Ils nous donnent enfin l'espérance de pouvoir tout comprendre.

19

L'AFFAIRE COMMENCE, il y a un peu plus de cent cinquante ans, avec Darwin.

S'écartant des livres saints, Charles Darwin, qui, dans sa jeunesse, voulait devenir pasteur, ne découvre pas seulement, au cours d'un célèbre voyage autour du monde, que tous les êtres vivants ont une seule et même origine, il révèle aussi un secret jusqu'alors bien gardé : le monde est beaucoup plus vieux que ne l'enseigne la Bible et que ne le croyaient les savants.

Pendant des siècles et des siècles, pendant des millénaires, les hommes n'ont rien su du long passé du monde où ils habitaient. Héraclite et Parménide, Platon et Aristote, saint Augustin, saint Thomas, Descartes, Spinoza, Hegel, le jeune Marx ne se font aucune idée de l'âge de l'univers auquel ils appartiennent et qu'ils essaient de déchiffrer. Lecteur des textes sacrés, un grand esprit comme Bossuet croit encore que le monde n'a guère plus de six mille ans. Au XVIIIe, Montesquieu, Voltaire, Buffon commencent à nourrir des doutes. Des chiffres se mettent à courir : soixante-dix mille, quatre-vingt mille ans ?... C'est Darwin qui frappe le grand coup : il recule avec audace, au grand effroi de sa femme, Emma, qui comprend aussitôt les conséquences des travaux de son mari, l'âge de l'univers et de la vie.

20

DARWIN OUVRE AVEC UN GÉNIE d'une simplicité effrayante le grand bal de la science. Mais le chef-d'œuvre de la pensée des hommes et de la révolution scientifique, aussi radicale que la révolution cognitive il y a quelques dizaines de milliers d'années, est à chercher du côté de la physique, de la mathématique et de l'astronomie, qui prennent, au début du siècle suivant, le relais de la biologie, destinée à repasser au premier plan dans les années à venir.

La conjonction du calcul théorique et de l'observation du ciel grâce à des télescopes de plus en plus perfectionnés permet aux hommes, qui ne remontent qu'à quelques centaines de milliers d'années, à l'extrême rigueur à quelques millions, de reconstituer les treize ou quatorze milliards d'années de l'univers sans les hommes. Nous connaissons aujourd'hui, sinon année par année, du moins millénaire par millénaire, tout le passé de cet univers si longtemps aveugle et muet. Il y a de quoi perdre la tête et ouvrir la voie à toutes les imaginations.

21

INUTILE D'AVOIR RECOURS à la science-fiction. La réalité suffit. Ce que nous apprend la science est le plus beau des romans. Et le plus stupéfiant. Et d'ailleurs le seul, puisqu'il n'y a rien d'autre que l'histoire de l'univers et des hommes. Rappelons en quelques mots aussi rapides que possible l'invraisemblable parcours qui va mener jusqu'à nous.

D'abord, l'explosion primitive avec sa formidable énergie qui crée l'espace et le temps. Un point minuscule, invisible à l'œil nu, bien plus petit qu'un grain de sable, une poussière, un atome. L'*alpha*. Le début de tout. Enfin… le début de tout… Peut-être y avait-il autre chose, de radicalement inconnu – une équation mathématique ? d'autres univers ? la nécessité ? un Dieu ? peut-être tout cela mêlé ou peut-être encore autre chose d'effrayant et d'indicible –, « avant » notre vieux big bang, « avant » notre temps, derrière le mur de Planck?

Pour nous, en tout cas, tout commence il y a entre treize et quatorze milliards d'années. Une cloche pourrait sonner. Un coup de pistolet pourrait être tiré. C'est le clap de début.

22

LE DÉCOR SE MET EN PLACE. Il est grandiose et sinistre. Il est vide. Il s'y passe, bien sûr, d'incroyables aventures. Elles sont neuves, originales, sans aucun précédent, inouïes. Sur ces milliards d'années – mais y avait-il des années puisqu'il n'y avait ni Terre, ni Lune, ni Soleil ? – on pourrait imaginer – on a imaginé – un film glacial de beauté et d'horreur. Personne pour voir ce théâtre de titans sans titans. À quoi sert-il ? À rien. Un gâchis. On ne donnerait pas lourd de ceux – dieux tout-puissants, mauvais génies, hasard, nécessité… – qui ont inventé ou laissé se faire ce bastringue hors de prix et parfaitement inutile.

23

On finit par se demander si l'univers qui va du big bang à l'apparition de la vie a vraiment une existence. Oui, sans doute : il y a de l'énergie, des forces, des particules, plus tard des étoiles et des galaxies, plus tard encore un système solaire avec des planètes, dont la nôtre. Mais il n'y a personne, ne disons même pas pour le comprendre et l'aimer, mais pour l'habiter, le voir, l'entendre. Il existe, bien sûr, mais tout se passe comme s'il n'existait pas. Il n'y a ni formes, ni couleurs, ni parfums. Ni beauté, ni vérité.

Sans doute n'est-il pas permis de parler d'attente : personne n'attend rien de personne ni de rien. Mais enfin l'univers déjà créé n'est présent que sur le mode de l'absence. Il faut attendre la vie pour qu'un semblant de sens s'introduise dans ce semblant de présence.

24

DANS CET UNIVERS muet et vide se glisse soudain quelque chose de nouveau, d'aussi incompréhensible, à vrai dire, que l'origine de l'univers, et qui va pourtant se confondre avec nous et avec chacun de nous dans la banalité quotidienne.

Un peu moins ou un peu plus d'une dizaine de milliards d'années – un doigt de patience, voulez-vous ? – après le coup de tonnerre du big bang, annonciateur de tous les chants de triomphe, des chœurs de la *Neuvième Symphonie*, des trompettes d'*Aïda*, surgit, venu de nulle part, dans un coin minuscule du grand tout qui commence à prospérer et à s'organiser, un phénomène qui n'a encore aucun nom – et à peine une existence.

Pas de trompettes pour le fêter. Pas de feu d'artifice. Pas de barricade en forme de mur de Planck. Pas de big bang. Pas de première de gala. Une discrétion exquise. Quelque chose de bouleversant, et pourtant de modeste. Assez comme il faut. Peut-être presque un peu province. On ne fait pas de bruit. On se cache plutôt. Ça bouge à peine. Mais ça bouge. Un grand avenir se prépare en silence. Vous voyez l'affaire ? C'est la vie.

25

C'EST QUOI, LA VIE ? Mais vous le savez bien, puisque vous vivez : c'est la mort.

Le monde, à l'origine, était fait pour durer. Oh ! pas pour toujours. Le temps régnait déjà. Il s'acharnait déjà à tout détruire. C'était Shiva. C'était Kali. Mais enfin, l'univers était là pour un bon bout de temps. La vie, elle, dès sa jeunesse, dès ses débuts, est faite pour passer. Elle naît, elle meurt, elle renaît ailleurs.

Avec l'arrivée en tapinois de la vie dans ce théâtre vide et apparemment inutile du monde se développent de petites choses très étranges dont on se demande d'où elles viennent : la sensibilité, la souffrance, cette catégorie stupéfiante que nous appelons l'individu, ce début d'autonomie dans l'extrême rigueur du tout qui deviendra plus tard la liberté – et, bien sûr, la mort.

26

ON VOIT BIEN LA DIFFÉRENCE entre les débuts du tout et la naissance de la vie. Elle crève les yeux. Il y a déjà quelque chose quand la vie se met en marche, alors que le big bang est une première absolue. Mais il y a aussi des ressemblances.

Le mystère de l'origine de la vie est aussi profond que le mystère de l'origine de l'univers. Personne ne sait rien de l'origine de la vie, de ses motifs, des mécanismes de son apparition. Il n'est pas impossible, mais il n'est pas certain, qu'elle soit venue d'ailleurs sur notre Terre. Il y a dans l'affaire des conditions physiques, des réactions chimiques, une nécessité rigoureuse et des hasards heureux. Dans l'éclosion de la vie comme dans l'origine de l'univers, peut-être savons-nous à peu près ce qui se passe, mais nous ignorons pourquoi ce qui se passe se passe. Pourquoi y a-t-il quelque chose au lieu de rien ? Pourquoi y a-t-il, après la naissance de l'univers, une apparition de la vie ?

Et nous ne sommes pas au bout de nos émerveillements.

27

AVANT L'HOMME, les êtres vivants ignorent deux choses parmi beaucoup d'autres : ils ignorent le mal et ils ignorent qu'ils vont mourir. Ils meurent, bien sûr, mais ils ne savent pas qu'ils vont mourir.

Viendra un temps où un petit nombre de vivants comprendront qu'ils sont appelés à mourir. Ce seront les hommes. Et, si longtemps inexistant, absent de ce monde avant les hommes, le mal prendra toute sa place avec le triomphe de la pensée.

28

TREIZE MILLIARDS D'ANNÉES après l'explosion originelle, la pensée crée le monde une deuxième fois.

La vie introduit l'inattendu, l'autonomie, la souffrance et la mort dans un coin minuscule d'un univers prodigieux et inerte qui va lui servir de cadre. Voilà que la pensée insuffle l'élévation, la beauté, la vérité et le mal dans une vie encore à ras de terre.

On dirait que le hasard et la nécessité poursuivent leur chemin triomphal et organisateur. On dirait que Dieu, qui a déjà fait beaucoup en inventant l'univers et la vie, se prépare à la retraite et choisit ses successeurs.

Difficile de ne pas se laisser aller à des rêveries coupables sur l'histoire, sur l'ordre des choses et sur la puissance de la pensée. Ce qui va marquer les hommes en train de se hisser au-dessus de ces primates qui s'étaient hissés au-dessus de la matière, c'est l'orgueil.

29

UN NOMBRE RESTREINT de primates plus doués que les autres bouleversent sur une petite planète excentrée l'univers entier et la vie jusqu'à se substituer à Dieu ou au hasard et à la nécessité.

L'affaire, évidemment, ne se fait pas du jour au lendemain. La pensée ne débarque pas, boum ! sur la Terre tout à coup. On pourrait sans doute dater le big bang et les débuts de la vie. Bien malin qui situera dans le temps les premières paroles échangées. Plus malin encore qui fournira la date du premier souvenir, du premier projet, de la première déclaration d'amour. Il est permis d'imaginer un lent processus de mûrissement qui s'étendrait sur des siècles et sur des millénaires. Peut-être les hommes ont-ils chanté et sifflé avant de parler ? Peut-être ont-ils ri ou souri avant de s'exprimer ? Devenir un homme ou une femme quand vous êtes un primate est une tâche longue et semée d'embûches.

30

On a le droit de se demander comment se faisait chez les primates en train de se changer en êtres humains le choix des élus et des élues. Selon quels critères ? En vertu de quels principes ? Il ne suffisait plus de courir plus vite que les autres, de grimper aux arbres avec plus d'habileté, d'être le plus fort au combat. C'était plutôt l'inverse : mieux valait rentrer en soi-même, hésiter à agir, et apprendre non seulement à marcher sur ses deux jambes et la tête haute, mais à réfléchir, à retarder ses décisions, à renoncer à la violence au bénéfice de l'attente et de la patience. À la limite, ce sont les plus faibles, les rêveurs, les demeurés, les poètes qui se sont mis à penser et qui l'ont emporté sur les plus rapides et les plus forts.

Et le plus étrange n'est pas de voir des primates devenir bientôt des hommes, mais de constater que la plupart des primates sont restés des primates. Où est la justice ? Chez les primates, en tout cas, ne règne pas l'égalité. Aux uns, la puissance et la gloire de la pensée ; aux autres, la modeste condition de la vie animale.

31

L'ESSENTIEL EST ENCORE AILLEURS. La pensée transforme l'univers. Elle le change en autre chose. Elle ne cesse jamais de lui apporter du nouveau. Elle y introduit la surprise et l'attente. Elle le colore. Elle l'anime. Elle en fait un théâtre où chacun joue son rôle, une œuvre d'art, un trésor. Elle suffit à l'enchanter. La pensée des hommes est l'enchantement du monde.

Le monde ne devient beau – mais qu'est-ce que la beauté ?… – qu'avec et par les hommes et les femmes. Les formes, les couleurs, les fleuves entre les collines, les arbres et les fruits, les montagnes au loin entrent enfin dans l'histoire.

Bientôt – mais quand ? – surgit un nouveau miracle à la source de travaux innombrables et dont il faudrait parler longuement : le langage. Inutile de le répéter une fois de plus : nous ne sommes pas des savants, nous ne sommes que des benêts frappés d'émerveillement et notre seule tâche dans ces pages est de brûler les étapes et d'aller le plus vite possible de stupeur en stupeur.

Associée à la parole, une catégorie invraisemblable, rigoureuse et changeante, fait son entrée sur la scène : la vérité. Elle est la rigueur même et elle ne cesse de varier dans l'espace et dans le temps. Elle règne sur le monde et sur son savoir et la couronne passe son temps à lui tomber de la tête.

Tous les sentiments, toutes les passions, toutes les vertus apparaissent successivement : le courage, la compassion, la bonté, la justice, la curiosité, l'ambition. Aucune passion, aucune vertu n'était attachée à la vie, aucune n'existait avant la révolution de la pensée.

Quelque chose de plus inouï encore et que la vie ignorait aussi se lève en silence sur le monde pour l'envahir et s'y combattre : le bien et le mal. Il y a du bien et il y a du mal. Nous recherchons le bien et nous fuyons le mal. C'est nous qui décidons – et, souvent, nous nous trompons. Quelque chose de divin et de diabolique s'est installé dans le monde en même temps que la pensée.

Au-delà du bien et du mal, liée étroitement à la mort, une forme aussi puissante, et plus puissante, que toutes les forces physiques et métaphysiques à l'œuvre depuis si longtemps s'empare de nous et nous emporte : l'amour.

L'algue, la méduse, la vie ne faisaient entrer dans l'histoire – et c'était déjà beaucoup – que l'individu, une forme primitive d'initiative, la souffrance et la mort. Avec le premier rire, le premier projet, le premier étonnement, la première déclaration d'amour s'annoncent clairement, au loin, Homère, Platon, Dante, Titien, Shakespeare et Cervantès, Mozart, Goethe, Hugo, Einstein, Picasso et toute la suite encore à venir. Il n'y a plus qu'à attendre. Dans l'espérance et dans l'angoisse, l'homme, par la pensée, s'est rapproché de Dieu – ou de l'idée qu'il s'en fait.

32

VOILÀ. VOUS SOUVENEZ-VOUS de notre clap de début il y a quatorze milliards d'années? Quelle carrière! Triés sur le volet, un petit nombre de primates ont été reçus – personne ne sait quand ni comment (refrain) – au concours d'entrée de la pensée créatrice d'où sortiront tant de merveilles: des héros et des saints, des traîtres, des assassins et des beautés célèbres; des tragédies et des romans, des temples, des symphonies, des aquarelles et des calembours; des théories de l'univers et de grandes religions, détentrices chacune d'une vérité différente.

C'est la pensée de ces primates hissés par miracle à la dignité de créatures conscientes et responsables qui permet l'éclosion de tout ce qui fait le charme et la grandeur du monde où nous vivons: le passé et l'avenir, l'histoire, le souvenir et l'attente, l'espérance et l'angoisse, la gaieté et la tristesse, la poésie, le désespoir et tout le reste.

C'est la pensée de ces primates qui éclaire le monde d'une lumière de matin. En une seconde création qui double et achève la première, c'est elle qui donne enfin un sens, ou quelque chose comme un sens, à un monde qui, pendant des milliards d'années, en était dépourvu.

33

SOUMISE À TOUTES LES LOIS de la physique, de la chimie et de la mathématique, pur fruit du cerveau et d'une matière changée soudain en esprit, mystère aussi insondable que le temps, l'histoire, la vie ou l'univers lui-même, la pensée de ces créatures humaines, qui correspondent bizarrement entre elles et avec le monde autour d'elles, semble achever le cycle romanesque en trois volumes qui commence par le big bang, se poursuit avec la vie et se termine en beauté, dans le troisième et dernier tome, par le triomphe des hommes et de leur génie.

34

Cette troisième étape de notre fameuse réalité est-elle vraiment la dernière ? C'est au moins douteux. Pourquoi l'histoire et ses changements à l'œuvre depuis l'origine s'arrêteraient-ils sur nous ? Si belle, si puissante, la pensée des hommes n'est pas nécessairement le sommet, l'apogée, le dernier mot de l'histoire de l'univers. Elle a de bonnes chances de passer comme le reste – et les hommes avec elle.

Les dinosaures aussi étaient très puissants. Ils ont dominé le monde pendant des millénaires et des millénaires – et ils ont disparu. Parce que les choses vont de plus en plus vite et que l'histoire s'accélère, il n'est même pas sûr que les hommes et leur pensée durent autant que les dinosaures. En tant qu'individus, ils meurent et disparaissent chacun à son tour. Tôt ou tard, d'une façon ou d'une autre, ils mourront et disparaîtront aussi en tant qu'espèce.

35

À LA QUESTION :
« Mais qu'y aura-t-il après la pensée et les hommes ?

La réponse est assez simple :

– Autre chose. »

36

L'HISTOIRE NE SE CONTENTE PAS de regarder en arrière. Avec ses prophètes, avec les chrétiens, avec les marxistes, avec toutes les sortes de futurologues, il lui arrive de regarder en avant. Dans les livres, dans les journaux, elle aime prévoir. Elle brûle de prédire. En dépit de tous les risques que comporte cet exercice. J'ai souvent cité une formule de Hegel : « La première catégorie de la conscience historique, ce n'est pas le souvenir. C'est l'annonce, l'attente, la promesse. »

L'histoire d'aujourd'hui voit déjà percer dans un avenir plus ou moins proche toutes les séductions de l'intelligence artificielle et de ce transhumanisme désormais à l'ordre du jour.

Ce qui, pour le meilleur et pour le pire, dominera cette époque future encore plus que la nôtre, c'est la science. Nous fondions tout à l'heure, il y a quelques pages, nos espérances sur la science. Elle nous a beaucoup appris sur notre passé. Pourra-t-elle, un jour, sur notre avenir le plus lointain, sur notre destin après la mort, nous en apprendre un peu plus ?

37

La réponse est :

« Non. »

38

IL FAUT LE REDIRE AVEC FORCE : sur notre univers et son histoire, sur notre corps, sur nos mécanismes les plus subtils, tout ce que nous savons avec certitude, c'est la science qui nous l'apprend. Elle règne sur notre cerveau, sur notre mémoire, et même sur notre pensée. Il est plus que probable que tout ce qui touche à notre vie de chaque jour, à notre enveloppe physique, à notre santé, à notre reproduction, aux modalités de notre arrivée dans le temps, au hasard, aux jeux – la fameuse compétition, aux échecs ou au go, entre machine et homme –, sera bouleversé dès demain par la science. Il n'est pas impossible qu'elle finisse, un beau jour, par comprendre et expliquer les sentiments, les passions, mon Dieu ! jusqu'à l'amour lui-même. Ne nous faisons pas d'illusions : rien ne l'arrêtera. Tout ce que la science peut faire, elle le fera.

Mais pour tout ce qui nous importe le plus, plus peut-être que l'amour, et ce n'est pas peu dire, en un mot sur ce qui se passe après la mort et sur notre destin d'éternité, la science, ailleurs si puissante, se révèle impuissante.

39

LA SCIENCE ET L'HISTOIRE travaillent dans le temps déjà écoulé ou en train de s'écouler. Elles savent tout ou presque tout dans le passé et le présent. Elles annoncent l'avenir proche. L'avenir lointain leur échappe.

Leur échappe encore bien plus tout ce qui est hors du temps. Ni la science ni l'histoire ne nous diront jamais rien de ce qu'il y avait avant le début ni de ce qu'il y aura après la fin. En dépit de leurs progrès, tout ce qui se situe avant le mur de Planck et après la mort de chacun de nous leur est à jamais interdit.

40

NOUS VOILÀ AU ROUET, nous voilà revenus à notre point de départ. Nous devons beaucoup à la science, qui nous a tant appris. Mais la science elle-même ne peut pas péter plus haut que son cul. Très capable d'apaiser notre curiosité, elle est incapable d'apaiser notre angoisse.

Limitée étroitement à l'espace et au temps, elle ne nous est d'aucun secours pour répondre aux questions qu'enfermés entre nos deux murs également infranchissables, l'un au début de toute chose, l'autre à la fin de notre vie, nous nous posons d'un côté sur nos origines, et de l'autre sur nos avenirs.

Il nous reste nos yeux pour pleurer et cette incertitude, désormais savante mais toujours aussi radicale, qui nous ronge le cœur.

41

COURAGE. N'ABANDONNONS PAS tout de suite. Essayons encore. Recommençons. Pour comprendre cet univers dont nous savons presque tout sauf l'essentiel, pour être en paix avec nous, pauvres orphelins, dont nous ne savons presque rien, y a-t-il autre chose que la science ?

42

L’ENTREPRISE SEMBLE désespérée. Le seul savoir qui nous est accordé, celui qui est au-dessus de toute contestation, c’est à la science que nous le devons. Nous savons depuis Archimède, et personne ne le conteste, que le rapport de la circonférence d’un cercle à son diamètre vaut $\pi = 3{,}1416$, nous savons que la distance moyenne de la Terre au Soleil est d’un peu moins de cent cinquante millions de kilomètres, nous savons que, dans un triangle rectangle, le carré de l’hypoténuse est égal à la somme des carrés des deux autres côtés. Cette vérité-là est inscrite dans l’éternité. Et grâce au génie des successeurs d’Archimède, le monde, de notre vivant, ne relève plus que de la science. Voilà que, dans la recherche de notre destin, elle nous claque entre les doigts. Que faire ?

43

AVANT LA SCIENCE, un autre système de pensée a longtemps régné sur les hommes : la religion. Sous forme de magie, de puissances célestes, de déesses et de dieux. Sous la forme, déjà tardive – trois ou quatre millénaires avant nous, deux millénaires après l'invention de l'écriture –, du monothéisme. La religion est-elle capable de revenir au premier rang et, sinon, de répondre aux questions laissées ouvertes par la science, du moins d'apaiser l'angoisse qui nous étreint ?

44

LE MOT QUI CORRESPOND et convient à la science, c'est le mot *savoir*. Le mot qui correspond et convient à tout ce qui échappe à la science et qui est peut-être l'essentiel, c'est le mot *croire*.

Croire est plus faible que *savoir*. Si vous croyez que votre train part à 12 h 04, vous avez de bonnes chances de le rater. Il ne suffit pas de croire : il faut savoir. Dans l'ordre des chiffres et des idées, dans la vie intellectuelle comme dans une vie pratique de chaque jour, savoir est très supérieur à croire. De Platon à Spinoza, l'opinion n'a pas bonne presse chez les philosophes. Croire prend sa revanche dans l'ordre des espérances, des aspirations et des convictions.

La science forme et utilise ceux qui savent : ce sont les savants. La passion, l'amour, la religion forment et enseignent ceux qui croient : ce sont les croyants. Ce qui compte pour les savants, c'est la vérité. Elle passe son temps à changer, mais elle est la rigueur même. Ce qui compte pour les croyants, c'est leur foi. Il est difficile de l'expliquer et même de le comprendre, mais ils s'y soumettent les yeux fermés.

Comme c'est curieux ! Les croyants se font tuer pour ce qu'ils croient plus volontiers que les savants pour ce qu'ils savent. D'un côté, saint Étienne, saint Paul, saint Pierre, saint Sébastien, sainte Blandine et une foule de croyants, hommes ou femmes, juifs, chrétiens, musulmans, bouddhistes, hindouistes, qui acceptent de se faire égorger. De l'autre, Galilée.

45

PRESQUE TOUJOURS APPUYÉE sur des textes sacrés, sur une tradition familiale, sur une éducation, la foi est une croyance. La plus ferme, la moins soumise à la contradiction et même à la discussion, la plus inébranlable de toutes les croyances et de toutes les opinions.

Elle peut accompagner toute une vie. Elle peut aussi surgir soudain – Paul Claudel à Notre-Dame de Paris, le soir de Noël 1886 – et bouleverser votre existence.

À la différence de beaucoup d'autres convictions, la foi est mêlée d'ignorance. Par sa force, par son évidence, elle est le contraire de l'ignorance – et elle est fondée sur l'ignorance. C'est parce que vous ne pouvez rien savoir de votre origine et de votre destin que vous les confiez à Dieu pour qu'il en fasse ce qu'il veut. Et vous, vous êtes heureux de vous être mis entre ses mains.

Fondée sur l'ignorance, assumée jusqu'à la mort, la foi est aussi, le plus souvent, traversée, et parfois martyrisée, par le doute. De grands saints, de grandes saintes – saint Jean de la Croix, sainte Thérèse d'Avila, mère Teresa, tant d'autres – ont confessé que le doute n'avait jamais cessé de se mêler à leur foi.

Cernée par l'ignorance et le doute, la foi va parfois jusqu'à se confondre avec l'absurde. Vous ne croyez pas seulement parce que vous ne savez pas, il vous arrive aussi de croire parce que l'objet de votre confiance est difficile à imaginer, difficile à croire, contraire au sens commun, contraire à la logique, en un mot : absurde. Souvent prêtée – à tort – à saint Augustin, la formule « *Credo quia absurdum* » a longtemps été célèbre.

Héritière d'Héraclite, la dialectique marxiste est souvent à l'ordre du jour et même à l'honneur. Pour la subtilité, et parfois la mauvaise foi, il arrive à une certaine dialectique chrétienne – souvent traitée de jésuite – de n'avoir pas grand-chose à envier à la dialectique marxiste.

46

CROIRE EST UNE GRANDE CHANCE. La foi est un bonheur. Plus puissante encore que la pensée, elle soulève des montagnes. Elle éclaire le monde d'une lumière venue d'ailleurs. Avec elle et par elle, l'histoire est justifiée. Le malheur s'explique et s'inverse en acceptation. Tout bonheur vient de Dieu. Merci pour les roses et merci pour les épines.

Il est enfin possible et nécessaire non seulement de servir Dieu et de chanter ses louanges, mais d'écrire, de peindre, de sculpter des chefs-d'œuvre : des tragédies chrétiennes, des cantates, des requiem, des temples et des mosquées, des statues de la Vierge, des annonciations et des assomptions, des montées au Calvaire et des christs en croix chargés d'embellir vos cathédrales, vos basiliques, vos humbles églises de campagne où passeront et prieront bien des âmes.

Dieu ne cesse jamais d'être le premier servi et chacun, à tous les âges, dans tous les pays, à tous les niveaux et dans toutes les conditions, vit et meurt pour sa foi.

47

La foi est si précieuse, elle est si ambiguë, elle nous dépasse de si loin qu'elle réclame pour chacun une aide venue d'en haut. C'est ce secours divin que nous appelons la grâce.

Au sein de la chrétienté, ce don gratuit tombé du ciel a donné naissance, de saint Augustin à Port-Royal, en passant par Luther, par Calvin, par Jansenius, à des ouvrages sans nombre – dont *Les Provinciales* de Pascal – et à de grandes querelles politiques et religieuses qui, nées du jansénisme, utilisées par des écrivains et des parlementaires porteurs de l'esprit du temps, contribueront à la chute d'une monarchie millénaire.

D'inspiration céleste, la grâce a aussi une jolie carrière laïque. Plus belle que la beauté, enchanteresse chez La Fontaine, chez Marivaux, chez Watteau, chez Boucher, la grâce, venue d'en haut et de la religion, inséparable de la foi, aura joué un rôle non seulement spirituel, politique et historique, mais littéraire et artistique majeur.

48

JE REGRETTE D'ÊTRE CONTRAINT, une fois encore, de donner à ces quelques feuillets un tour trop personnel que je déplore, mais je ne peux échapper à cette obligation : je me dois d'indiquer à mes lecteurs et à mes lectrices que Dieu, la nécessité, le hasard ou l'hérédité m'ont refusé le don de la foi. La grâce divine ne m'est pas venue en aide.

De saint Augustin et saint Thomas à Pascal, à Corneille, à Racine, à Chateaubriand, de Dante à Péguy ou à Claudel, je suis entouré d'esprits qui savent dur comme fer que Dieu existe. Mais aussi d'esprits – le Bouddha, Épicure, Lucrèce, Karl Marx, Albert Camus, Jean-Paul Sartre… – qui savent avec tout autant de certitude qu'il n'existe pas. Dieu existe-t-il ? Je ne peux, à cette question, offrir qu'une seule réponse : « Je ne sais pas. »

Qui suis-je pour résoudre un problème qui a jeté dans les affres de l'incertitude des générations de théologiens et de savants ? Qui suis-je pour trancher un débat qui se poursuit en vain depuis deux ou trois millénaires ? Tout ce que je peux faire, c'est exprimer un sentiment : ce que j'aimerais par-dessus tout, c'est que, sous une forme ou sous une autre, j'hésite beaucoup sur ce point, Dieu existât.

49

Je ne sais pas si Dieu existe : je suis agnostique. L'agnostique est trop souvent jeté dans le même sac que l'athée. C'est une erreur. L'athée est très loin de ne pas savoir : il sait de source sûre que Dieu n'existe pas. Je souhaite, au contraire, avec une sorte de passion, que Dieu existe. Pour dire, une fois de plus, les choses aussi vite que possible, j'ai remplacé la foi par l'espérance.

Pour nous qui ne savons rien, qui ne pouvons rien savoir hors des limites du temps, il n'est pas impossible que croire en Dieu, ce soit espérer qu'il existe. Si espérer qu'il existe, c'est déjà croire à Dieu, alors, oui, je crois à Dieu.

50

Un monde sans Dieu serait trop injuste, trop triste, trop inutile. Nous vivons dans un univers dominé par un temps qui détruit tout ce qu'il construit et où, entre deux accès de bonheur et de gaieté, règnent le mal, la maladie, le chagrin, l'injustice. Sans Dieu, pas d'espérance. Notre seule chance : que Dieu existe.

Ce que ce monde, dans l'espérance, peut faire de mieux, c'est de nous servir de passage et d'introduction à un monde de vérité et de justice – s'il existe.

51

Ne nous faisons pas d'illusions : nous avons très peu avancé. Nous n'avons réussi à répondre à aucune des questions que nous nous posions dès le début de ces pages. Au bout de tant d'efforts, il nous est toujours impossible d'avancer avec sûreté dans le dédale d'un univers où ni la science ni la religion ne peuvent forcer les murs qui bornent notre pensée et nous fournir les réponses, acceptables par tous, que nous espérions.

Toute-puissante et triomphante dans tous les autres domaines, la science est incapable de nous aider si peu que ce soit dans le double mystère de nos débuts avant le début et de notre destin après notre fin. Elle reste muette sur l'au-delà de la mort et impuissante sur nos lointaines origines.

Plus proche de la réalité qu'Aristote, le récit de la Genèse dans l'Ancien Testament reste une fiction poétique. Naguère hostile à la science et toujours dépassée par une marche du temps qu'elle ignore trop souvent, la religion chrétienne, si évidemment supérieure à toutes les autres, en dépit de l'Inquisition et de tant d'horreurs, par son culte de l'amour et de la beauté, a déjà perdu beaucoup de terrain. Malgré ses poètes et ses philosophes, ses fresques et ses cathédrales, ses requiem et ses miserere, elle a du mal à convaincre des adversaires irréductibles. Si magnifique dans le passé avec ses mosquées, ses palais, ses universités, la religion musulmane est victime d'un terrorisme assassin dont elle ne parvient qu'avec peine à se démarquer une fois pour toutes.

Les mathématiques pourront bien proposer avec talent, et parfois avec génie, des modèles de l'univers antérieurs au big bang et au mur de Planck qui en interdit l'accès, leur vérification scientifique et empirique – qui a donné raison, coup sur coup, aux théories de Newton, de Hubble, d'Einstein et à la théorie quantique – ne sera jamais possible.

Les religions pourront bien ravauder et multiplier, sur les origines de l'univers et de l'homme, sur les vertes prairies de l'éternité ou sur les tourments sans fin après notre mort physique, les constructions les plus subtiles et les plus séduisantes, elles ne parviendront jamais à obtenir l'accord unanime – réservé à la science – de l'esprit et du cœur.

Au-delà de la science et de la religion, toutes les deux battues en brèche en dépit de leur splendeur, nous n'avons plus pour ressources que la naïveté et la gaieté.

52

Oublions la Bible. Oublions le Coran. Oublions la science qui nous a tant appris. Revenons à notre point de départ. Qu'est-ce qui nous occupait au début de ces pages ? Notre destin dans cette vie et ce monde si étranges en dépit de leur apparente évidence et, ensuite, à peine vraisemblables.

Regardons le Soleil qui semble – c'est une erreur – tourner autour de nous. Rentrons en nous-mêmes pour essayer, sinon de comprendre qui nous sommes et ce qui nous attend – c'est une tâche sans espoir –, du moins de rêver et d'imaginer.

53

Ah ! bien sûr, du Soleil nous savons presque tout. Ses dimensions, son âge, son fonctionnement physique, chimique, mathématique, sa distance à la Terre, ses rapports avec les planètes qui tournent autour de lui et avec les galaxies plus ou moins lointaines qui entretiennent avec lui des relations compliquées. Nous connaissons ses origines, sa formation, ses dates d'apparition et même de disparition. Il est à peu près à mi-chemin de sa longue existence : cinq milliards d'années d'un côté, cinq milliards de l'autre. Il ne serait peut-être pas impossible aux hommes de créer dans cinq milliards d'années un Soleil artificiel. Il est vrai que, dans cinq milliards d'années, les hommes auront disparu depuis longtemps.

Mais tout savoir du Soleil et tout savoir du reste ne nous suffit pas. La question que nous nous posons inlassablement sans jamais obtenir de réponse tient en quelques mots : « Qu'est-ce que le monde fait là ? » Et, plus simple encore : « Que faisons-nous dans ce monde ? »

54

CE QUI FRAPPE DANS CE MONDE, en dehors de sa complexité, c'est sa rigueur. Dans son histoire et dans sa structure telles que la science nous les présente, la foule presque sans bornes des mécanismes et des situations ne tolère ni transgression, ni accident, ni hasard. Le hasard a pu laisser sa marque dans les étapes successives de la construction et de l'évolution du réel, il ne menace à aucun moment la rigueur implacable du système. Nous le savons déjà: le moindre millimètre en plus ou en moins, la moindre fraction de seconde en avance ou en retard, la moindre variation de masse, de température, d'énergie – et tout l'édifice de l'univers s'écroule. Les hommes sont bien capables de bouleverser l'ordre des choses à leur niveau – et, pour le meilleur comme pour le pire, leur puissance ne fait que s'accroître –, ils sont impuissants devant ce qu'il faut bien appeler la structure ou le programme de l'univers. La nécessité règne en maîtresse sur le monde.

55

L'IDÉE, SOUVENT AVANCÉE, d'un hasard organisateur qui, mêlé à la nécessité, serait à l'origine de la formation et du développement de l'univers est une idée folle. Le hasard peut faire et a fait des choses immenses. On pourrait fournir sans trop de peine une foule d'exemples éloquents. Des catastrophes. Des chefs-d'œuvre. Ce qui est impossible et contradictoire, c'est la répétition de ces hasards heureux allant tous dans le même sens pour former un ensemble cohérent. Je veux bien être naïf, mais la naïveté a des limites. Le Soleil ne se lève pas par hasard.

Le hasard, tout le monde le sait, est une manifestation, en marge de la raison, provenant de la rencontre fortuite de deux ou plusieurs séries de nécessités convergentes. Un hasard organisateur se changerait en magie. Structuré par des hasards continus qui aboutiraient à la rigueur que vous savez, l'univers serait un oxymore hallucinant et le plus métaphysique de tous les miracles.

56

Il faut bien le reconnaître aussitôt : Dieu pose autant de problèmes que le hasard. Fruit d'une série ininterrompue de hasards heureux, un hasard organisateur est impossible. Mais Dieu n'est guère plus probable.

« Vous remontez, disent ses adversaires, d'effet en cause, de plus en plus haut, de plus en plus loin, jusqu'à Dieu. Mais Dieu n'échappe pas aux exigences de cette généalogie sans fin. Il est lui-même l'effet d'une cause plus primitive, et ainsi de suite, à l'infini. »

La réponse consiste moins à effacer le mystère de Dieu qu'à le mettre en pleine lumière. Dieu, s'il existe, est non seulement un mystère, mais le mystère des mystères. Il prend sur lui toute la suite infinie des mystères. Il est une sorte d'abcès de fixation de l'incompréhensible. Il est le mystère qui explique tout le mystère du monde.

57

Le Dieu dont nous avons l'audace de parler n'est pas seulement un mystère. Il est une invention des hommes.

Il est tout à fait clair que, si Dieu a inventé les hommes, les hommes, en revanche, ont inventé leur Dieu. Tout ce qu'ils savent ou croient savoir de Dieu, ils l'ont tiré de leur pensée, de leur imagination, de leur angoisse. Le Dieu du monothéisme, le Dieu qui règne sans rival pendant près de deux millénaires, surgit très tard dans l'histoire des hommes. L'écriture a cinq mille ans. Le monothéisme n'en a pas beaucoup plus de trois mille. Le culte d'un Dieu unique, créateur du ciel et de la terre, est un culte récent.

Pendant des millénaires et des millénaires, les hommes ne se sont pas fait la moindre idée d'un

Dieu unique dont aurait dépendu l'univers. Des esprits aussi distingués que les Grecs et les Romains de la fin de l'Antiquité avaient du mal à accepter l'idée d'un Dieu tout-puissant, créateur de toutes choses. Les adversaires de Dieu n'ont pas tort : l'idée que les hommes se font de Dieu est plus humaine que divine.

58

À NOS REGARDS DU MOINS, Dieu est un mystère. Dieu n'a pas d'autre existence que celle que nous nous efforçons de lui prêter. Personne ne l'a jamais vu. Chacun peut s'en passer. Dieu est assez peu probable. Dieu a toutes les apparences d'une illusion consolatrice. Dieu est invraisemblable.

C'est là que se dissimule peut-être une des clés de l'affaire. Dieu est invraisemblable – mais pas beaucoup plus que tous les miracles que nous avons vus défiler sous nos yeux écarquillés : la goutte d'eau, le grain de sable, la poussière minuscule d'où sort tout ce qui existe, la lumière, l'expansion continuelle de l'espace, le temps dont nous ne savons rien, l'histoire, cette stupeur, la vie, une nécessité peuplée de hasards, pas beaucoup plus invraisemblable que le monde étrange où nous vivons tous les jours et qui nous paraît si évident.

59

JE NE PRÉTENDS PAS QUE DIEU EXISTE : je n'en sais rien. Je prétends qu'il peut exister. Je prétends que rien ne s'oppose à son existence. Je prétends qu'il a le droit d'exister. C'est comme un coin de ciel bleu au terme d'une journée plutôt sombre.

60

LES CHRÉTIENS N'ONT PAS LE DROIT de se plaindre – d'ailleurs, ils ne se plaignent pas. Non seulement il ne peut pas leur être interdit de croire en un Dieu créateur du ciel et de la terre, mais ils ont la chance d'avoir pour modèle, sous leurs yeux, un personnage à qui l'existence et la place dans notre histoire ne peuvent pas être contestées : Jésus.

Lui au moins, il est permis de l'admirer et de l'aimer sans se poser trop de questions sur sa réalité. Si quelqu'un a laissé une trace éclatante dans l'esprit des hommes, c'est bien le Christ Jésus.

Du même auteur (suite)

Aux Éditions Robert Laffont

Voyez comme on danse, 2001.
Et toi mon cœur pourquoi bats-tu, 2003.
Une fête en larmes, 2005.
La Création du monde, 2006.
La vie ne suffit pas, Bouquins, 2007.
Qu'ai-je donc fait, 2008.
Discours de réception de Simone Veil à l'Académie française et réponse de Jean d'Ormesson, 2010.
C'est une chose étrange à la fin que le monde, 2010.
C'est l'amour que nous aimons, Bouquins, 2012.
Un jour je m'en irai sans en avoir tout dit, 2013.
Dieu, les affaires et nous : chronique d'un demi-siècle, Bouquins, 2016.
Ces moments de bonheur, ces midis d'incendie, Bouquins, 2016.

Aux Éditions Jean-Claude Lattès

Mon dernier rêve sera pour vous, biographie sentimentale de Chateaubriand, 1982.
Jean qui grogne et Jean qui rit, 1984.
Le Vent du soir, 1985.
Tous les hommes en sont fous, 1986.
Le Bonheur à San Miniato, 1987.

Aux Éditions Nil

Une autre histoire de la littérature française (t. 1), 1997.

Une autre histoire de la littérature française (t. 2), 1998.

Aux Éditions Julliard

L'amour est un plaisir, 1956, épuisé.

Du côté de chez Jean, 1959, épuisé. Folio, 1978.

Un amour pour rien, 1960, épuisé. Folio, 1978.

Au revoir et merci, 1966, épuisé. Folio, 1976.

Les Illusions de la mer, 1968, épuisé.

Aux Éditions Grasset

Tant que vous penserez à moi,
entretiens avec Emmanuel Berl, 1992.

Aux Éditions Héloïse d'Ormesson

Odeur du temps, 2007.

L'Enfant qui attendait un train, 2009.

Saveur du temps, 2009.

La Conversation, 2011.

Comme un chant d'espérance, 2014.

Conception graphique et réalisation
Anne-Marie Bourgeois / m87design

•

Achevé d'imprimer
sur Roto-Page
par l'Imprimerie Floch
à Mayenne,
en octobre 2019.

•

Dépôt légal
novembre 2019.
Numéro d'imprimeur
95171

Imprimé en France